Hochmotiviert und abgebremst

Die Benachteiligung junger Migranten auf dem Ausbildungsstellen- und Arbeitsmarkt ist auch heute noch nicht abgebaut. Zur Klärung individueller Ursachen hierfür wurde eine repräsentative Befragung junger Ausländer im Alter von 15 bis unter 30 Jahren durchgeführt.
Dabei handelt es sich um Migranten aus den sechs Hauptanwerbeländern: Portugal, Spanien, Italien, ehemaliges Jugoslawien, Griechenland und Türkei.

Neben dieser vorliegenden Untersuchung sind folgende Auswertungsberichte erhältlich:

Beer-Kern, D.: Schulbildung junger Migranten
Bundesinstitut für Berufsbildung (Hrsg.):
Berichte zur beruflichen Bildung, Bd. 166,
Berlin 1994

Granato, M.: Bildungs- und Lebenssituation junger Italiener.
Bundesinstitut für Berufsbildung (Hrsg.):
Berichte zur beruflichen Bildung, Bd. 171,
Berlin 1994

Schweikert, K.: Ausländische Jugendliche in der Berufsausbildung.
Bundesinstitut für Berufsbildung (Hrsg.):
Berichte zur beruflichen Bildung, Bd. 164,
Berlin 1993

Berichte zur beruflichen Bildung
Heft 165

Ausländische Jugendliche in Deutschland

Mona Granato, Vera Meissner

Hochmotiviert und abgebremst

Junge Frauen ausländischer Herkunft in der Bundesrepublik Deutschland
Eine geschlechtsspezifische Analyse ihrer Bildungs- und Lebenssituation

Herausgeber: Bundesinstitut für Berufsbildung · Der Generalsekretär

Die Deutsche Bibliothek-CIP-Einheitsaufnahme

Granato, Mona:
Hochmotiviert und abgebremst : junge Frauen ausländischer Herkunft in der Bundesrepublik Deutschlan ; eine geschlechtsspezifische Analyse ihrer Bildungs- und Lebenssituation / Mona Granato ; Vera Meissner. Hrsg.: Bundesinstitut für Berufsbildung, Der Generalsekretär. - Bielefeld : Bertelsmann, 1994
(Berichte zur beruflichen Bildung ; H. 165 : Ausländische Jugendliche in Deutschland)
ISBN 3-7639-0501-4
NE: Meissner, Vera:; GT

Vertriebsadresse:
W. Bertelsmann Verlag GmbH & Co. KG
Postfach 100633
33506 Bielefeld
Telefon: (0521) 9 11 01-0
Telefax: (0521) 9 11 01-79
Bestell-Nr.:102.165

Herausgeber: Bundesinstitut für Berufsbildung, Der Generalsekretär
10702 Berlin
Redaktionelle Bearbeitung: Brigitte Pandzic
Umschlaggestaltung: Hoch Drei, Berlin
Verlag: W. Bertelsmann Verlag, Bielefeld

ISBN 3-7639-0501-4

Gedruckt auf chlorfrei gebleichtem Papier

Inhalt

Einleitung

Dieses Buch widmet sich der Hälfte der Menschheit: den Frauen. Sie sind die Hälfte des Humankapitals, das überall auf unserer Erde benötigt wird die anstehenden und drängenden Probleme unserer Zeit zu lösen. Der vorliegende Band wendet sich Frauen zu, die sich durch ein bestimmtes Merkmal auszeichnen: sie leben in Deutschland und besitzen nicht die deutsche Staatsangehörigkeit.

Diese Untersuchung beschäftigt sich mit den Kindern, insbesondere den Töchtern jener Einwanderer, die gerufen wurden mit ihrer Arbeitskraft die deutsche Wirtschaft zu unterstützen. Diese Mädchen sind heute bereits Jugendliche oder junge Erwachsene.

Über junge Ausländerinnen in der Bundesrepublik ist bereits viel spekuliert worden: dem deutschen Leser wurde suggeriert es handele sich hier um eine zurückgebliebene, unterdrückte, unselbständige und nichtemanzipierte Minderheit junger Frauen, die - um das Bild abzurunden - im Rahmen ihrer Familie, ihrer ethnischen Kolonie quasi ihrer Freiheit beraubt, dem Vater bzw. später dem Ehemann völlig untertan, leben. Ausländerinnenforschung stellte somit eines der letzten Reservoire dar, wo man(n und frau) ungeniert über Frauen als das schwache Geschlecht schreiben konnten. Deutsche Forscherinnen aus der feministischen Bewegung betrachteten dagegen ihre ausländischen Schwestern lange Zeit als Bedürftige unter dem Gesichtspunkt der Entwicklungshilfe, für die es noch die Emanzipation zu erstreiten gilt.

Diese Studie wählt, um gängigen Klischees entgegenzutreten deshalb einen anderen Zugang: Die Handlungskompetenz junger ausländischer Frauen ist der Ausgangspunkt der Untersuchung. Der vorliegende Bericht schließt sich damit neueren Ansätzen an, die davon ausgehen, daß Frauen durch die Migrationssituation, eigene Lebensmuster entwickeln, die sich von den Vorstellungen deutscher Frauen unterscheiden können.

Zudem möchte diese Arbeit einen Beitrag leisten, eine unter uns lebende und bisher noch immer wenig bekannte Bevölkerungsgruppe besser kennenzulernen. Die Analyse der vorliegenden Daten erfolgt daher subjektorientiert, d.h. die jungen Frauen sprechen in ihren Aussagen für sich. Ihre Angaben werden deshalb von den Autorinnen nur zurückhaltend interpretiert. Die (relativ) unvoreingenommene Sicht der subjektzentrierten Analyse ermöglicht es, besser die Entwicklungspfade, die junge ausländische Frauen einschlagen, zu entdecken.

Weitere Ziele, die theoretischen Vorannahmen, die der Analyse zugrunde liegen und die Methode der Datengewinnung werden in den folgenden Abschnitten erläutert. Das zweite Kapitel befaßt sich mit der Darstellung der Untersuchungspopulation. Im Zentrum steht die Analyse der schulischen und beruflichen Bildung, der beruflichen Situation sowie der sozialen Lebenslage junger Migrantinnen in der Bundesrepublik. Die Handlungskompetenz der jungen Frauen wird anhand ihres Bildungsverhaltens dargestellt.

1 Methodische und theoretische Grundlagen

1.1 Zielsetzung

Der Anteil ausländischer Kinder und Jugendlicher aus den Hauptanwerbestaaten ist in der Bundesrepublik in den vergangenen 20 Jahren - seit dem Anwerbestop von 1973 - erheblich angestiegen. Durch den Nachzug der Kinder hat sich auch die Lebenssituation der ausländischen Arbeitsmigranten in der Bundesrepublik wesentlich verändert, da sie jetzt mit ihren Familien in der Bundesrepublik leben. Dies hatte Auswirkungen sowohl auf die Perspektiventwicklung der Arbeitsmigranten selbst als auch auf die Politikgestaltung des Aufnahmelandes, das sich zunehmend einer Integrationspolitik geöffnet hatte. Fragen der Beteiligung an allgemeiner und beruflicher Bildung der ausländischen Kinder und Jugendlichen sowie die Förderung ihrer Deutschsprachkompetenz standen hierbei im Mittelpunkt des öffentlichen Interesses.
Seit Mitte der 70er Jahre wurden diese Kinder und Jugendlichen auch Gegenstand sozialwissenschaftlicher Forschung. Während am Anfang der wissenschaftlichen Beschäftigung mit ausländischen Kindern und Jugendlichen oftmals die problemorientierte Analyse ihrer Lebenssituation im Vordergrund stand und dabei festgestellte Unterschiede zu deutschen Altersgenossen als Mangel bzw. Fehlen an Kompetenzen bei den jungen Ausländern interpretiert wurden, haben jüngere sozialwissenschaftliche Untersuchungen diese Art von Defizitanalyse als ungenügend aufgegeben und sich bei der Analyse junger Ausländer stärker auf die Darstellung ihrer Handlungskompetenz konzentriert.

Seit Mitte der 80er Jahre haben eine Reihe von Untersuchungen die Lebenssituation der zweiten Generation dargestellt. Die meisten Forschungsprojekte befaßten sich vor allem unter Anwendung qualitativer Methoden mit Fragen der Bildung, der Berufssituation sowie der Identitätsfindung junger Ausländer und Ausländerinnen in der Bundesrepublik. Ein Großteil der vorliegenden Studien beschäftigte sich mit einer spezifischen Nationalität, zumeist den jungen Türken.[1]

Viele der genannten Forschungsarbeiten zur 2. Generation konzentrierten sich auf wenige Themen: die Bildungs- und Sprachsituation junger Ausländer und Ausländerinnen, den Übergang von der Schule in den Beruf, die Ausbildungssituation, die Identitätsfindung sowie die Remigration und ihre Folgen. Die meisten Untersuchungen behandeln nur jeweils eines dieser Themen.[2]

Studien, die die Lebenssituation der Arbeitsmigranten der ersten Generation untersuchten, berücksichtigten anfänglich die spezielle Situation der Frauen nur unzureichend. Frauen der ersten Generation erfahren durch die Migration deutliche und andere Veränderungen ihres Lebens als Männer. Die erst spät entstehende Migrantinnenforschung bzw. die geschlechtsspezifisch-vergleichenden Untersuchungen befassen sich mit der Lebenssituation ausländischer Mädchen und Frauen in der Bundesrepublik. Sie sind mit qualitativen Methoden durchgeführt, thematisch eng angelegt und/oder beziehen sich auf eine Nationalität bzw. sind regional begrenzt.[3] Zu Beginn wurden die Ausländerinnen als "Opfer" ihrer Lebensumstände dargestellt. Neuere Forschungsansätze haben sich von dieser Art der Analyse distanziert und sich verstärkt der Erforschung der Fähigkeiten und Kompetenzen, die die Migrantinnen durch ihre Immigration bzw. durch das Leben in der Migration erwerben, zugewendet.

---

1 Vgl. z.B. über junge Türken/-innen: Arnold Rösner 1986; Bielefeld 1988; Boos-Nünning 1986, 1989; König et.al. 1989; Mehrländer 1983; Neumann 1986; Wilpert 1987. Andere Nationalitäten: Apitzsch 1990; Kalpaka 1986; Lopez Blasco 1983; Hopf 1987; Mihelic 1984; Morokvasic 1987.

2 Schule und Sprache: Glumpler 1985, Hopf 1987; Übergang: Beer 1988, Beer 1992, Yakut et.a. 1986; Ausbildung: Arnold Rösner 1986, Bröckelmann et.al. 1985, König et.al. 1988, Nieke 1989, Simmerdinger 1989; Identität: Bielefeld 1988, Hoffmann 1981, Stüwe 1988; Remigration: Granato 1989, Höhnekopp 1987, Stenzel 1985, Unger 1986.

3 Z.B. Akkent 1987, Beer/Granato 1989, Bock 1988, Boos-Nünning 1986, Morokvasic 1987, Neumann 1986, Schaumann et. al. 1988, Schultze 1987, Schmidt-Koddenberg 1989, Riesner 1990.

Bei der Analyse der Lebenssituation ausländischer Frauen wurden in den letzten Jahren jeweils unterschiedliche inhaltliche Aspekte sowie methodische Zugangswege zum jeweiligen Themenschwerpunkt gewählt (Morokvasic 1987; Riesner 1990; Schmidt-Koddenberg 1989.

- o Morokvasic befragte Mitte der 80er Jahre Jugoslawinnen, die in Frankreich, Schweden und der Bundesrepublik Deutschland leben, um die Veränderungen in den Geschlechterrollen, die durch die Emigration entstehen, zu untersuchen.

  Im Mittelpunkt ihres Forschungsinteresses befinden sich die Jugoslawinnen der ersten Generation. Sie kommt zu dem Ergebnis, daß Beschäftigungsmöglichkeiten, Arbeitsbedingungen und soziale Situation sowie die Bewußtseinsentwicklung der Jugoslawinnen sich je nach Aufnahmeland und Herkunftsregion unterscheiden. Der Veränderungsprozeß, in dem die Frauen sich gegebenenfalls in ihrer Heimat bereits vor der Auswanderung befanden, hat gleichfalls eine große Bedeutung. Im Verhältnis der Geschlechter zueinander stellt sie fest, daß die Migrationssituation die Einstellungsänderungen der Jugoslawinnen fördert, wobei sie nicht automatisch die im Aufnahmeland herrschenden Kategorien von Emanzipation und Fortschritt fraglos übernehmen. Sie weist auf die Diskrepanz zwischen Normen und Einstellungen jugoslawischer Frauen und ihrem tatsächlichen Verhalten hin: neu gewonnene Einsichten und Einstellungen führen nicht unbedingt zu Verhaltensänderungen. Allerdings setzen sich die neuen Einstellungen bei der Erziehung der Töchter durch. Die jugoslawischen Mütter wenden sich mehrheitlich gegen eine Erziehung der Töchter nach typisch weiblichen Rollen und befürworten bzw. unterstützen weitgehend, wenn ihre Töchter bisherige Verhaltensmuster durchbrechen. Dies gilt insbesondere bei ihrer Haltung gegenüber einer Ausbildung für Mädchen, sowie bei Veränderungen der geschlechtsspezifischen Aufteilung der Hausarbeit, seltener jedoch bei traditionellen Werten was die Beibehaltung der "Ehre" der Mädchen angeht. (Morokvasic 1987)
- o Anhand lebensgeschichtlich orientierter Interviews untersucht Riesner Sozialisationsbedingungen und Lebensentwürfe junger türkischer Frauen (18-28 Jahre). Von einem interaktionistischen Bezugsrahmen ausgehend, verknüpft sie das Krappmann'sche Identitätskonzept, das sie um geschlechtsspezifische Aspekte erweitert, mit sozialisationstheoretischen Ansätzen aus der Migrantenkinderforschung. Dabei folgt sie dem für Migrantenkinder postulierten Sozialisationsziel einer "ausgeglichenen Persönlichkeit"; diese sollen eine auf das Wertesystem der Bundesrepublik und des Heimatlandes bezogene Handlungsfähigkeit entwickeln (Boos-Nünning 1979 in Riesner 1990). Sie kommt zu dem Ergebnis, daß die Entwicklung einer stabilen Persönlichkeitsstruktur junger Türkinnen von ihrer jeweiligen "nationalen Orientierung" abhängt (Riesner 1990).

- o Schmidt-Koddenberg analysiert die Identitätsentwicklung türkischer Migrantinnen der ersten und zweiten Generation: Sie konzentriert sich auf den Wandel der Geschlechterrollen, den sie in Zusammenhang mit der durch die Migration neuentstehende Arbeitsteilung zwischen Frau und Mann sieht. Die subjektive Verarbeitung der Migrationserfahrung führt zu einem gewandelten Verständnis der Geschlechterrollen bei den Migrantinnen. Auch das Verständnis deutscher Frauen zu ihrer eigenen Frauenrolle wird in die Untersuchung miteinbezogen, so daß ein Vergleich zwischen Selbst- bzw. gegenseitigem Fremdbild zwischen deutschen und türkischen Frauen möglich wird.

  Der Wandel des Frauenverständnisses der Migrantinnen ist unabhängig von Veränderungen ihrer Wertorientierung in anderen Lebensbereichen. (Schmidt-Koddenberg 1989)

Die dargestellten Untersuchungen haben die Veränderungen in den Werten und Einstellungen, insbesondere im Selbstverständnis als Frau von jugoslawischen und türkischen Migrantinnen der ersten Generation aufgezeigt. Ansatzweise wurden damit einhergehende Verhaltensänderungen dargestellt. Bei den Migrantinnen der 2. Generation wurden nur diejenigen türkischer Herkunft miteinbezogen.

Dagegen wurde der Bedeutung von Schule, Berufsausbildung und Erwerbsarbeit für das Leben der jungen Ausländerinnen und der Entwicklung ihres weiblichen Selbstverständnisses kaum nachgegangen.

Zusammenfassend gilt, daß die Entscheidung zur und die Realisierung der Immigration für Frauen, die zuerst auswandern einen weiteren Schritt zur Loslösung aus bisherigen sozialen Rollen darstellt (Ley, 1978; Morokvasic 1987). Der Migrationsprozeß zeigt per se den Veränderungswillen der Migrantinnen der ersten Generation, auch wenn sie vor der Auswanderung die Lawine der kommenden Veränderungen nicht unbedingt überblickten.

Die Migrantinnen der 1. Generation, die zeitlich nach der Einreise ihres Ehemannes in die Bundesrepublik kamen, begreifen *heute* Migration als ein "Unternehmen", das es aktiv zu dem von ihnen gewünschten Erfolg zu führen gilt. Dabei wird das Unternehmen Migration im Kontext der Familie gesehen und der Erfolg daraufhin ausgerichtet (Dietzel-Papakyrikou 1990; Karsten 1991). Der Veränderungswille der ersten Migrantinnengeneration zieht sich durch das gesamte "Unternehmen Migration" hindurch und betrifft auch die von ihnen entworfenen Lebens- und Karrierepläne für ihre Töchter und Söhne.

Die Lebensverläufe von Frauen der ersten und zweiten Generation ändern sich durch die Immigration drastisch (Nauck 1991). Dies gilt sowohl für das soziale Umfeld als auch für Einstellungen und Verhaltensmuster der Migrantinnen selbst. Als Kinder von Einwanderern entweder in der Bundesrepublik geboren oder in der Kinder- oder Jugendzeit in die Bundesrepublik eingereist, lernen die jungen Migrantinnen verschiedene soziale Umfelder kennen, denen ein jeweils unterschiedliches Verständnis von der Organisation sozialer Rollen zu Grunde liegt.

Das heißt, junge Migrantinnen der zweiten Generation wachsen in einer Familie auf, die durch die Migration an sich Veränderungen in sozialen Bedingungen und Rollenverständnis - im Vergleich zum Heimatland - erfahren hat. Die jungen Ausländerinnen, die mehrheitlich der 2. Generation angehören, sind zumindest teilweise hier aufgewachsen. Vielfach haben sie in der Bundesrepublik die Schule durchlaufen und verfügen heute - im Vergleich zu vor zehn Jahren - über mehr und qualitativ bessere Schulabschlüsse.
Doch hat sich dies bislang nur unzureichend in eine höhere Beteiligung an beruflicher Bildung umsetzen lassen: die vorliegende Arbeit untersucht u.a. Gründe und Faktoren für diesen "Bruch".

Ziel der Studie ist es, Bildungs-, Ausbildungs- und Beschäftigungssituation sowie Zukunftsperspektiven, Befindlichkeit und Lebenslage junger Ausländerinnen aus den sechs Hauptherkunftsländern zu analysieren. Grundlage der Untersuchung ist eine bundesweite, repräsentativ angelegte Befragung 15- bis 30jähriger junger Ausländer und Ausländerinnen mit griechischer, italienischer, (ehemals) jugoslawischer, portugiesischer, spanischer und türkischer Staatsangehörigkeit. Die Befragung wurde zum Jahreswechsel 1988/89 durchgeführt.

Um Aussagen zum gesamten Migrationsverlauf, zu den Unterstützungsleistungen der Familie in der Jugendphase bzw. zum Einfluß der Eltern auf Berufswahlentscheidungen der Jugendlichen zu gewinnen, wurden zusätzlich die Eltern der jungen Migrantinnen und Migranten befragt.

Im einzelnen ist die Zielsetzung der Auswertung die Analyse und Darstellung

- der Bildungs- und Beschäftigungssituation junger Ausländerinnen im Vergleich zu den jungen Ausländern,
- der Auswirkungen des Migrationsprozesses auf die Wertehaltungen der Eltern hinsichtlich der Bildungskarrieren junger Ausländerinnen;

- der Handlungsstrategien, die junge Ausländerinnen entwickeln, um entsprechende Lebensperspektiven in der bundesrepublikanischen Gesellschaft zu realisieren. Dabei wird insbesondere der Versuch unternommen, die Wechselwirkung von schulischer und beruflicher Bildung mit den von den Ausländerinnen eingeschlagenen Handlungsstrategien sowie dahinterstehende Werterhaltungen zu analysieren.
- Aspekte der sozialen Integration.

Dem Paradigmawechsel in der Migrantinnenforschung folgend, wird von einer **eigenen Handlungskompetenz** der jungen Ausländerinnen ausgegangen. Ihre Handlungskompetenz wird dabei in Zusammenhang mit ihrem Bildungsverhalten analysiert. Handlungskompetenz wird anhand folgender Punkte dargestellt:

- Entwicklung eigener beruflicher Pläne
- Bewerbungsverhalten bei Ausbildungsplatzsuche
- Strategien des Bewerbungverhaltens
- Prozeß der Berufswahl
- Sprachkompetenz
- Umgang mit Arbeitslosigkeit.

Die **subjektzentrierte Analyse** nimmt die Beschreibungen, Definitionen und Zielsetzungen der Akteure, d.h. der befragten Migrantinnen zum Ausgangspunkt der Analyse. Sie wird an einigen Punkten durch die Darstellung der von den Migrantinnen wahrgenommenen Hemmnisse und Einschränkungen, die ihnen die Aufnahmegesellschaft entgegenbringt, ergänzt.

Die Analyse der Ausbildungs-, Arbeits- und Lebenssituation der jungen Ausländerinnen erfolgt nicht nur als Momentaufnahme, sondern wird an einzelnen relevanten Punkten mit den Daten der BIBB-Befragung von 1979 zur Lebenssituation ausländischer Jugendlicher verglichen. Dadurch lassen sich über einen Zeitraum von zehn Jahren Entwicklungstendenzen aufzeigen.

Die Analysen und Aussagen zur Situation der jungen Ausländer und ihrer Eltern beziehen sich auf die alten Bundesländer und Berlin (West), d.h. das Bundesgebiet vor dem 3. Oktober 1990. Durch punktuelle Befragungen, die nach der Maueröffnung in Berlin (West) und dem alten Bundesgebiet durchgeführt wurden, besteht die Möglichkeit, Fragen des Wohlbefindens sowie der Einschätzung von Rassismus gegenüber Ausländern mit den hier vorliegenden Daten, die zum Jahreswechsel 1988/89 erhoben wurden, zu vergleichen.

1.2 Theoretische Annahmen

Der Auswertung der vorliegenden Daten liegen folgende Annahmen zugrunde: die Lebenssituation junger Migrantinnen ist überwiegend geprägt

- durch ihren Status als *Ausländer(-in)*,
- dadurch, daß sie *Frauen* sind,
- dadurch, daß sie als *Arbeiterkinder* aufwachsen,
- dadurch, daß sie *Jugendliche* sind.

Diese Merkmalskriterien sind konstitutive Elemente ihrer Handlungsfähigkeit und ihrer Lebenslage in der Bundesrepublik. Dabei werden diese Merkmale nicht unter dem Aspekt der Benachteiligung und Diskriminierung gesehen, sondern es wird der Frage nachgegangen, inwieweit es den jungen Ausländerinnen gelingt, mit Hilfe und aufgrund dieser Merkmale eigene Handlungsstrategien zu entwickeln, "d.h. welche für sie spezifischen Handlungsmuster relevant werden, um divergierende Situationen und unterschiedliche Handlungserwartungen auszuhalten und eine Handlungsfähigkeit zu entwickeln" (Stüwe 1991, S. 91). Dabei ist Sprachbeherrschung eine der wichtigsten Voraussetzungen.

(1) Die jungen *Ausländerinnen* besitzen eine andere Staatsangehörigkeit als die deutsche Mehrheitsgesellschaft. Sie sind Migrantinnen bzw. Kinder von Arbeitsmigranten und damit zu charakterisieren als die in einer Gesellschaft später Angekommenen gegenüber den schon immer Dagewesenen (Heckmann 1981). Die Studie betrachtet - wie bereits dargestellt - die hier lebenden Ausländerinnen nicht als Opfer ihrer Situation, sondern als handelnde Subjekte innerhalb ihrer Lebenswelt. Ihre besondere Situation als "nicht-staatsangehörige" junge Frauen wird anhand der einzelnen Untersuchungsschwerpunkte dargestellt[4].

(2) Das Bildungs- und Erwerbsverhalten von *Frauen* hat sich in den letzten drei Jahrzehnten zunehmend verändert. Frauen haben heute ein höheres Bildungsniveau, sie partizipieren mehr als früher an beruflicher Bildung und Hochschulausbildung, sie sind stärker am Erwerbsprozeß beteiligt und es gelingt ihnen häufiger - wenn auch noch in unzureichen-

---

4 Als "nicht-staatsangehörige" Jugendliche verstehe ich in Anlehnung an U. Bielefeld (1988) Jugendliche, die eine andere Staatsbürgerschaft besitzen, als die Majorität der Angehörigen des Staates, in dem sie leben.

dem Umfang - qualifizierte berufliche Positionen zu erlangen. Die Orientierung von Frauen an Familie und Beruf wirkt sich noch immer nicht als förderndes Element bei der Lebensplanung junger Frauen in der Bundesrepublik aus. Die Vereinbarkeit von Erwerbstätigkeit und Familie ist für junge deutsche Frauen auch weiterhin eine wichtige Grundlage ihrer Lebensplanung. Zudem kennzeichnen vielfach Autonomiebestrebungen und Individualisierungskonzepte ihre Lebensentwürfe.

Es gilt zu untersuchen, welche Wege junge ausländische Frauen einschlagen: Welche Einstellung haben sie beispielsweise zu Bildung und Beruf? Gelingt es ihnen, sich beruflich zu integrieren? Sind sie, neben Familie- und Kinderarbeit berufstätig? Oder unterbrechen sie bei der Geburt des Kindes ihre Erwerbstätigkeit für eine gewisse Zeit? Außerdem wird versucht, in Ansätzen darzustellen, inwieweit die Lebensentwürfe junger Migrantinnen von Individualisierungskonzepten geprägt sind.

(3) Die jungen Ausländerinnen sind überwiegend *Arbeiterkinder* (Heckmann 1981, S. 200). Die Lebens- und Arbeitsbedingungen von Arbeiterfamilien treffen auf die meisten (Arbeits-)Migrantenfamilien zu. In diesem Zusammenhang lassen sich zwei Hypothesen formulieren:

- Ausgangsbedingungen und Bildungskarrieren von Ausländerkindern tragen typische Merkmale der Entwicklungschancen von Unterschichtskindern.
- Die Unterschichtung der bundesrepublikanischen Gesellschaft durch die Anwerbung und Beschäftigung ausländischer Arbeitskräfte (1. Generation) in den 60er und 70er Jahren findet heute ihr Pendant in einer weiteren Unterschichtungswelle durch die Kinder eben dieser ausländischen Arbeitnehmer. Diese neue Unterschichtung erfolgt im Bildungs- und Ausbildungssystem sowie auf dem Arbeitsmarkt.

Es gilt zu prüfen, inwieweit der Status der Eltern als Arbeiter - oftmals beschäftigt als Un- und Angelernte - die Chancen der jungen Ausländer/-innen determiniert.

(4) Die *Jugendzeit*, der Übergang zwischen Kindheit und Erwachsensein, hat sich im Laufe der letzten Jahrzehnte in der Bundesrepublik zu einer eigenen Lebensphase entwickelt (Fuchs 1983). Die Verkürzung der

Kindheit auf der einen Seite und die Verlängerung der Bildungs- und Ausbildungszeiten auf der anderen Seite haben zu einer erheblichen Ausdehnung der Jugendphase beigetragen. Mit der zeitlichen Verlängerung hin zu einer eigenständigen biographischen Phase, ist gleichzeitig die Bedeutung der Adoleszenz angestiegen in der Ablösungsprozesse vom Elternhaus und die Entwicklung einer eigenen Persönlichkeit möglich werden.

Von dieser gesellschaftlichen Entwicklung sind die "nicht-staatsangehörigen" Jugendlichen gleichfalls betroffen. Dabei stellt sich die Frage, wie sich die Adoleszenzphase bei diesen Jugendlichen gestaltet, da ihre Eltern aus Ländern oder Regionen stammen, in denen eine eigenständige Jugendphase entweder unbekannt oder nur sehr kurz war. Dabei sind folgende Fragen von Interesse:

- Haben sie hier eine mit deutschen Jugendlichen vergleichbare Jugendphase?
- Welchen Einfluß hat die Jugendphase auf die Entwicklung der jungen Ausländerinnen?
- Welche Handlungsspielräume eröffnen sich weiblichen Jugendlichen?
- Welche Positionen in bezug auf die Wertehaltungen nehmen die jungen Ausländerinnen gegenüber ihren Eltern ein?
- Welche Rolle spielt die Peer-Group in dieser Phase?

1.3 Integrationstheorien in der Migrationsforschung

Die Darstellung der Lebens-, Arbeits- und Ausbildungssituation dient zudem als Grundlage für die Einschätzung, wie erfolgreich die jungen Migrantinnen bei der Bewältigung ihrer Lebenssituation sind. Hierbei gibt es zwei verschiedene Zugangsmöglichkeiten:

(1) Um diesen "Erfolg" zu operationalisieren, werden zwei unterschiedliche konzeptionelle Ansätze gewählt. Beide Ansätze stammen aus der migrationstheoretischen Integrationsforschung. Sie werden einander gegenübergestellt und empirisch überprüft.

- Hoffmann-Nowotny (1973) geht von der Teilhabe an den Statuslinien der Gesellschaft aus, und beschreibt als Faktoren der Integration Merkmale wie Beruf, Einkommen, Bildung, rechtliche Stellung, Vollständigkeit der Familie, Wohnsituation etc. Soziale Integration - von Hoffmann-Nowotny als Assimilation bezeichnet - bezieht sich auf die Sprache des Einwanderungslandes und auf Aspekte der Wertorientierung. Dies wird u.a. anhand der Merkmale Sprachkompetenz, Freizeitkontakte zu Deutschen bzw. Mitgliedschaft in Vereinen und Organisationen der Aufnahmegesellschaft empirisch überprüft.

- Elwert (1982, 1984) geht davon aus, daß eine Binnenintegration, d.h. eine Einbindung des Migranten in seine eigene Ethnie seine Handlungsfähigkeit in der Majoritätsgesellschaft stärkt.

Integration - wie Hoffmann-Nowotny sie definiert - wird hier als berufliche Integration bezeichnet und an ihr soll das Resultat des Einwanderungsprozesses (unter punktueller Einbeziehung der Restriktionen des Aufnahmelandes) gemessen werden. Es wird gefragt, welche Handlungsorientierung - soziale Integration in die Aufnahmegesellschaft (Hoffmann-Nowotny) oder Binnenintegration (Elwert) - den Migrantinnen die größtmögliche Teilhabe an den Statuslinien der Gesellschaft bietet.

(2) Beide oben dargestellten Ansätze gehen davon aus, daß die Lebensziele und Lebenspläne der Migranten sich an den von Hoffmann-Nowotny beschriebenen Merkmalen der Teilhabe an den Statuslinien der Gesellschaft orientieren. Es kann nicht von vornherein davon ausgegangen werden, daß dies auch wirklich zutrifft. Um den "Erfolg" der Handlungsorientierung der jungen Migrantinnen zu messen, werden die von ihnen formulierten Lebenspläne, u.a. im beruflichen Bereich dem was sie tatsächlich erreicht haben gegenübergestellt.

Als weitere Ebene der Untersuchung wird punktuell die Eigenwahrnehmung der Lebenssituation in die Analyse mit einbezogen. Eine positive Selbsteinschätzung des bisherigen Lebensverlaufs, insbesondere der Bildungskarriere bzw. Erwerbsbiographie stärkt die Handlungsfähigkeit. In diesem Kontext werden Fragen der Zufriedenheit mit der Lebens- und Arbeitssituation in der Bundesrepublik erörtert. Die Eigenwahrnehmung wird auch im Spiegel der Wahrnehmung der Ablehnung, die die Aufnahmegesellschaft den jungen Migranten und Migrantinnen vielfach entgegenbringt, betrachtet.

1.4 Anlage und Methode der Untersuchung

Die Auswertung erfolgt auf der Basis einer repräsentativ angelegten, bundesweiten statistischen Primärerhebung bei 15- bis 30jährigen Ausländern und Ausländerinnen aus den sechs Hauptherkunftsländern. Die Grundgesamtheit der Befragung ist die Gesamtzahl aller in der Bundesrepublik Deutschland lebenden und im Ausländerzentralregister (AZR) eingetragenen ausländischen Staatsangehörigen aus Griechenland, Italien, Jugoslawien, Portugal, Spanien und der Türkei zwischen 15 und 29 Jahren incl. zum Stichtag 31.12.1987. Die Grundgesamtheit beträgt 861.000 junge Ausländer/-innen. Die Zielstichprobe sollte n = 3.000 Probanden aus der Grundgesamtheit umfassen.

Zur Realisierung der geplanten Repräsentativität wurde eine Zufallsstichprobe gezogen. Dabei wurde aus ökonomischen Gründen - Streuung der Probanden über die ganze Bundesrepublik - ein zweistufiges Verfahren gewählt.

1. In der ersten Stufe wurden at random 39 Ausländerbehörden aus der Grundgesamtheit aller 465 Ausländerbehörden in der Bundesrepublik gewonnen (Klumpen). In diesem Cluster befinden sich insgesamt 167.000 Personen.

2. Aus jeder dieser 39 Ausländerbehörden wurden in einer zweiten Stufe die Probanden n = 12.000 wiederum zufällig gezogen.

Diese gegenüber der anvisierten Probandenzahl viermal so umfangreiche Stichprobe war nötig, um Ausfälle wie nicht gemeldete Wegzüge und Verweigerungen aufzufangen. Der Auswahlsatz für die Nationalitäten erfolgte proportional zu ihrem Anteil auf Bundesebene.

Aus datenschutzrechtlichen Gründen wurde der schriftliche Erstkontakt zu den Probanden mit einer Einverständniserklärung (Antwortpostkarte) zu den Interviews verknüpft. Da sich am Ende nicht genügend junge Ausländer per Antwortkarte freiwillig für ein Interview gemeldet hatten, wurde die Auswahlbasis für die Probanden ergänzt:

- Nachziehung aus der im AZR gewonnenen Stichprobe;
- Erweiterung der Stichprobe durch das Schneeballverfahren, d.h. schon befragte Jugendliche wurden gebeten, weitere Ansprechpartner anzugeben[5].

28 % der jungen Ausländer hatten sich per Antwortkarte für ein Interview gemeldet, 18 % wurden aus dem AZR nachgezogen, während 54 % über den Schneeballeffekt für ein Interview gewonnen wurden. Die Prüfung der vorliegenden Daten zeigt, daß es kaum Zusammenhänge gibt zwischen der Auswahlart der Probanden und dem jeweiligen Antwortverhalten. Bei einigen Fragen ergab sich hierbei ein leichter Zusammenhang (Cramers'V $\geq$ 0.10).

Als Erhebungsinstrument wurde ein Fragebogen mit weitgehend geschlossenen Fragen entwickelt. Die Interviews wurden mündlich geführt. Die Probanden hatten die Möglichkeit, zwischen der jeweiligen Herkunftssprache der Eltern und Deutsch als Interviewsprache zu wählen. Die Befragung wurde im Zeitraum vom 1.9.1988 bis zum 29.2.1989 durchgeführt. Dabei wurden n = 3.407 Probanden befragt.

Da die vorliegenden Daten durch eine Zufallsstichprobe gewonnen wurden, ist es möglich, ihre statistische Signifikanz zu überprüfen. "Grundsätzlich erfolgte der Test auf dem Niveau von 5 % oder strenger. Als Maß der praktischen Bedeutsamkeit wurde Cramer's V eingesetzt. Die Interpretation signifikanter Befunde erfolgte grundsätzlich ab einem Stellenwert von V bzw. Phi = 0,10" (Schweikert 1993).

In einer Unterstichprobe wurden rund 1.000 Eltern der Probanden befragt. Die Auswahl der Eltern erfolgte nicht nach repräsentativen Gesichtspunkten. Die Interviews wurden im gleichen Zeitraum ebenfalls mündlich durchgeführt mit der Möglichkeit, die Interviewsprache auszuwählen. Als Erhebungsinstrument wurde ein eigener Fragebogen entwickelt, wobei einige Fragen mit denen der Jugendlichen identisch waren.

---

5 Wenn man die Hypothese unterstellt, daß sich die über den Schneeballeffekt gewonnenen Jugendlichen sozial-strukturell analog zu den über die Zufallsauswahl befragten Jugendlichen verteilen, ergibt sich statistisch gesehen keine gravierende Veränderung des Stichprobenansatzes, mit dem Unterschied, daß sich der Klumpungsfehler erhöht und sich der Stichprobenfehler im Grunde auf die Größe der Zufallsziehung begrenzt.

2 Strukturdaten

In der vorliegenden Untersuchung wurden 3407 junge Ausländer aus den sechs Hauptherkunftsländern befragt. Von ihnen sind 44 % Frauen; dies entspricht dem Frauenanteil der entsprechenden Altersgruppe an der ausländischen Wohnbevölkerung.[6]

Die befragten Frauen sind im Durchschnitt ein Jahr jünger als die befragten Männer. Bei den 15- bis 18jährigen Jugendlichen sind die weiblichen Befragten überdurchschnittlich, bei den jungen Erwachsenen im Alter von 26 - 30 Jahren unterdurchschnittlich vertreten, d.h. daß sich jüngere Ausländerinnen leichter für ein Interview gewinnen ließen bzw. zugänglich waren, als die erwachsenen Frauen von 26 - 30 Jahren.

Tabelle: Verteilung nach Altersgruppen und Geschlecht (n = 3.407)

Alter (in Jahren)	Geschlecht weiblich %	männlich %	gesamt %
15 - 18	36,8	27,5	31,6
19 - 21	16,6	17,7	17,2
22 - 25	28,0	31,5	30,0
26 - 30	18,6	23,3	21,2
	100,0	100,0	100,0

Quelle: BIBB Repräsentativerhebung 1988/89

Staatsangehörigkeit

Die Befragten verteilen sich auf folgende Nationalitäten:

Portugiesen	3%
Spanier	4%
Griechen	9%
Jugoslawen	10%
Italiener	19%
Türken	54%

6 Daten aus dem Ausländerzentralregister

Dies entspricht ihrem jeweiligen Anteil an der Altersgruppe der Wohnbevölkerung aus den sechs Hauptanwerbestaaten. Die Ausländerinnen sind entsprechend ihrem Anteil an allen Befragten auch auf die einzelnen Nationalitäten verteilt. Bei den Befragten mit ehemals jugoslawischer Staatsangehörigkeit sind die Frauen leicht überrepräsentiert (J.w.: 52 %, J.m.: 48 %), bei denjenigen mit türkischer Staatsangehörigkeit unterrepräsentiert (T.w.: 43 %, T.m.: 57 %). Insgesamt sind diese Verschiebungen jedoch statistisch gesehen unbedeutsam.

Tabelle: Staatsangehörigkeit nach Geschlecht (n = 3.407) in %

Staatsangehörigkeit	weiblich	männlich	gesamt
griechisch	9,5	8,6	9,0
italienisch	18,7	20,0	19,4
jugoslawisch	12,1	8,8	10,3
portugiesisch	2,9	2,5	2,7
spanisch	4,5	4,0	4,2
türkisch	52,3	56,1	54,4
	100,0	100,0	100,0

Quelle: BIBB, Repräsentativerhebung 1988/89

Alter

Die Altersstruktur der Befragten variiert nach der Staatsangehörigkeit. Die Befragten mit türkischer Staatsangehörigkeit sind jünger als der Durchschnitt der Stichprobe, die Befragten mit italienischer, griechischer und spanischer Staatsangehörigkeit sind durchschnittlich älter. Jeder dritte junge Einwanderer türkischer, jugoslawischer und spanischer Nationalität ist zwischen 15 und 18 Jahre alt, bei den Griechen und Italienern ist es nur jeder Fünfte.

Tabelle: Staatsangehörigkeit nach Alter (n = 3.407) in %

Alter	griech.	italien.	jugosl.	portugies.	spanisch	türkisch
15 - 18	21,7	21,4	37,9	30,2	36,4	35,4
19 - 21	18,9	16,1	11,7	18,1	7,7	19,0
22 - 25	28,4	33,3	33,4	35,8	34,3	27,8
26 - 30	31,0	29,2	17,1	15,9	21,5	17,8

Quelle: BIBB, Repräsentativerhebung 1988/89

Umgekehrt sieht es bei den 26- bis 30jährigen aus: jeder dritte Italiener bzw. Grieche aber nur jeder Fünfte jugoslawischer, türkischer und spanischer Herkunft befindet sich in dieser Altersgruppe.

Tabelle: Alter nach Nationalität und Geschlecht (n = 3407) in %

Alter (Jahre)	griechisch w	griechisch m	italienisch w	italienisch m	jugoslaw. w	jugoslaw. m	portugies. w	portugies. m	spanisch w	spanisch m	türkisch w	türkisch m
15 - 18	21,7	21,7	25,5	18,4	40,6	34,9	36,0	24,8	28,2	43,9	43,5	29,4
19 - 21	15,6	21,8	15,6	16,5	13,3	9,9	13,8	22,1	5,5	9,8	19,0	19,1
22 - 25	24,3	32,0	31,7	34,5	32,0	34,9	38,5	33,4	38,8	30,2	24,9	29,9
26- bis30	38,4	24,5	27,2	30,6	14,2	20,3	11,7	19,7	27,5	16,1	12,6	21,6
	100,0	100,0	100,0	100,0	100,0	100,0	100,0	100,0	100,0	100,0	100,0	100,0

Quelle: BIBB, Repräsentativerhebungsuntersuchung 1988/89

Bei den Befragten italienischer Herkunft sind keine geschlechtsspezifischen Unterschiede beim Alter festzustellen. Dagegen sind die Jugoslawinnen, Portugiesinnen und Türkinnen jünger als die männlichen Befragten der jeweiligen Nationalität, umgekehrt sieht es bei Spaniern und Griechen aus. Der durchschnittliche Altersunterschied zwischen den befragten Frauen und Männer beträgt ein Jahr. Er ist am größten bei den Befragten türkischer Herkunft: die Türkinnen sind rund 1,4 Jahre jünger als die türkischen Männer. Die Türkinnen sind auch unter den weiblichen Befragten die jüngsten.

Einreisealter

Das Einreisealter hat sich im Zehn-Jahres-Vergleich maßgeblich verändert. 1979 waren 9 % der ausländischen Jugendlichen (15 - 25 Jahre)[7] in der Bundesrepublik geboren oder bis zum Alter von drei Jahren eingereist. 1989 sind es 45 %. Kamen bei der damaligen Erhebung die Hälfte der 15- bis 25jährigen im Alter von 5 bis 14 Jahren in die Bundesrepublik, so sind es zehn Jahre später 40 % die im Alter von 4 bis 15 Jahren einreisen. 1979 waren knapp die Hälfte der Befragten bei ihrer Einreise älter als 15 Jahre, 1989 sind es 15 % der Probanden, die mit mehr als 16 Jahren eingereist sind.

Tabelle: Einreisealter der 15- bis 25jährigen Befragten (n = 2.061) in %

Geburt BRD/Einreisealter	Befragte 15 - 25 Jahre
in BRD geboren	27,0
bis 3 Jahre eingereist	17,8
mit 4 - 6 Jahren eingereist	14,8
mit 7 - 10 Jahren eingereist	13,5
mit 11 - 15 Jahren eingereist	12,3
mit 16 und mehr Jahren eingereist	14,5
	100,0

Quelle: BIBB, Repräsentativerhebung 1988/89

Der Anteil der jungen Ausländer, die hier geboren sind, ist im Zehn-Jahres-Vergleich erheblich gestiegen, und das Durchschnittsalter bei der Einreise ist gesunken, d.h. sie haben gegenüber Jugendlichen von vor 10 Jahren eine größere Zeitspanne ihres Lebens bereits hier verbracht.

Die Analyse des *Einreisealters im Zusammenhang mit dem Lebensalter* zeigt, daß die jüngeren Befragten erheblich häufiger hier geboren bzw. sehr früh eingereist sind als die anderen. Die Gegenüberstellung der jüngsten und ältesten Probandengruppe ergibt, daß zwei Drittel der 15- bis 18jährigen hier

---

7 Die BIBB-Repräsentativerhebung 1979/80 befragte junge Ausländer von 15 - 25 Jahre. Deswegen werden beim Vergleich mit dieser Untersuchung auch die 15- bis 25jährigen der 89er BIBB-Erhebung herangezogen. Hecker, U.: Ausländische Jugendliche in Ausbidlung und Beruf. Bundesinstitut für Berufsbildung, Berlin 1984.

geboren bzw. bis zum Alter von 3 Jahren eingereist sind; bei den 26- bis 30jährigen sind es 12 %, dagegen kamen 55 % von ihnen mit über 16 Jahren hierher.

Tabelle: Einreisealter aller Befragten nach Lebensjahren (n = 3314) in %

Geburt BRD/Einreisealter	15-18 J.	19-21 J.	22-25 J.	26-30 J.
in BRD geboren	43,4	17,6	15,4	6,2
bis 3 Jahre eingereist	22,2	22,5	10,6	6,1
4-6 Jahre eingereist	13,1	18,1	14,6	6,6
7-10 Jahre eingereist	10,9	14,5	15,7	13,8
11-15 Jahre eingereist	8,0	13,7	16,1	12,1
mit 16 und mehr J. eingereist	2,4	13,7	27,5	55,2
	100,0	100,0	100,0	100,0

Quelle: BIBB, Repräsentativerhebung 1988/89

Bei den Frauen liegt ein deutlich niedrigeres Einreisealter als bei den Männern vor: während 43 % der jungen Frauen hier geboren sind bzw. bis zum Alter von 3 Jahren einreisten, lag dieser Anteil bei den ausländischen Männern lediglich bei 35 %. Demgegenüber reiste jeder vierte Mann als Jugendlicher mit 16 Jahren und mehr ein, aber nur jede Fünfte der interviewten Frauen.

Tabelle: Einreisealter nach Geschlecht (n = 3314) in %

Geburt BRD/Einreisealter	weiblich	männlich	insg.
in BRD geboren	26,0	19,9	22,6
bis 3 J. eingereist	16,8	14,1	15,3
4-6 J. eingereist	13,5	12,6	13,0
7-10 J. eingereist	12,6	14,4	13,6
11-15. J. eingereist	11,5	12,9	12,3
mit 16 und mehr J. eingereist	19,6	26,1	23,2
	100,0	100,0	100,0

Quelle: BIBB, Repräsentativerhebung 1988/89

Zwischen Einreisealter und Staatsangehörigkeit besteht ein Zusammenhang.

Die spanischen, jugoslawischen, griechischen und italienischen Jugendlichen sind erheblich häufiger als die Jugendlichen türkischer und portugiesischer Staatsangehörigkeit hier geboren bzw. sehr früh eingereist:

o	alle Nationalitäten	37,9 % hier geboren und bis 3 Jahre eingereist
o	griechische	43,6 %
o	italienische	42,6 %
o	jugoslawische	53,1 %
o	portugiesische	31,7 %
o	spanische	55,1 %
o	türkische	31,2 %

Bei denjenigen, die mit 16 Jahren und mehr eingereist sind, sind die jungen Italiener (33 %), Portugiesen (28 %), Griechen (27 %) und Spanier (26 %) überproportional, die jungen Türken (19 %) unterproportional vertreten.

Zusammenfassend läßt sich feststellen, daß bei den jungen Migranten spanischer (81 %), italienischer (75 %), jugoslawischer (75 %) und griechischer (71 %) Herkunft eine sehr starke Konzentration auf die beiden Extrembereiche Geburt hier/ sehr frühe Einreise und Einreise mit 16 Jahren und mehr vorliegt, während diejenigen türkischer und portugiesischer Herkunft mit sehr unterschiedlichem Alter einreisen und sich daher über alle Einreisealter-Kategorien gleichmäßiger verteilen.

Migrantinnen türkischer Herkunft sind öfter in der Bundesrepublik geboren als türkische Männer. Das gilt ebenso für die italienischen Migrantinnen - nicht aber für die Migrantinnen griechischer und ehemals jugoslawischer Herkunft. Mit 16 Jahren und mehr ist jeder vierte junge Türke aber nur jede zehnte Migrantin türkischer Herkunft hier eingereist. Bei den Griechen, Italienern und Jugoslawen besteht in dieser Hinsicht kein geschlechtsspezifischer Unterschied.

Tabelle: Einreisealter nach Nationalität und Geschlecht (n = 3314) in %

Geburt hier Einreisealter	griechisch		italienisch		jugoslawisch		portugies.		spanisch		türkisch	
	w	m	w	m	w	m	w	m	w	m	w	m
in BRD geboren	34,9	31,7	29,4	20,6	27,2	29,1	20,1	17,5	34,6	43,8	22,5	14,9
bis 3 Jahre eingereist	7,1	13,5	16,8	19,8	25,6	24,1	13,9	12,1	11,2	19,8	17,2	10,3
4 - 6 Jahre	15,4	9,6	9,8	12,1	8,2	11,0	15,0	16,8	5,6	13,2	16,3	13,2
7 - 10 Jahre	7,1	7,9	6,5	9,5	13,3	11,0	11,8	17,7	7,5	3,3	15,9	18,2
11 - 15 Jahre	8,3	10,3	6,0	5,1	4,1	3,7	10,7	7,5	5,6	3,3	16,1	18,4
16 Jahre und mehr	27,2	27,0	31,5	32,9	21,5	21,2	28,4	28,4	35,5	16,5	11,9	24,9
	100,0	100,0	100,0	100,0	100,0	100,0	100,0	100,0	100,0	100,0	100,0	100,0

Quelle: BIBB, Repräsentativuntersuchung 1988/89

Schulbesuch und Status

77 % aller jungen Ausländer haben in der Bundesrepublik Deutschland eine allgemeinbildende Schule besucht. Von den 23 %, die hier nie auf der Schule waren, sind 85 % als sie über 16 Jahre alt waren eingereist, so daß sie eine Schule im Heimatland besucht haben. Dies trifft vor allem auf die jungen Erwachsenen zu: rund ein Viertel der 22- bis 25jährigen und die Hälfte aller 26- bis 30jährigen hat hier keine Schule besucht. Es finden sich überdurchschnittlich viele junge Männer in dieser Gruppe (61 % m; 39 % w). Besonders viele Italiener und Griechen haben in Deutschland, keine Schule besucht.

Da die Stichprobe aus der Grundgesamtheit der 15- bis 30jährigen Jugendlichen und jungen Erwachsenen der jeweiligen Nationalitäten gezogen wurde, ist der aktuelle Status zum Zeitpunkt der Befragung sehr unterschiedlich.

Die Jugendlichen zwischen 15 und 18 Jahren gehen überwiegend noch zur Schule, sind im Übergang zwischen Schule und Ausbildung oder in einer dualen Berufsausbildung. Die Zahl der jungen Migranten, die an beruflicher

Qualifizierung teilnehmen sinkt rapide mit zunehmendem Alter - hingegen steigt der Anteil der Erwerbspersonen: bei den 19- bis 21jährigen sind bereits 38 % berufstätig und etwa genauso viele in einer beruflichen Qualifizierung. Von den jungen Erwachsenen im Alter von 22 - 30 Jahren ist über die Hälfte berufstätig, jeder fünfte arbeitslos bzw. nicht berufstätig und jeder zehnte besucht eine Hochschule. Im Durchschnitt aller Befragten besuchen 20 % eine allgemeinbildende Schule, 4 % befinden sich im Übergang zwischen Schule und Berufsausbildung (BVJ, BGJ), 10 % durchlaufen eine duale Ausbildung, weitere 10 % gehen auf eine Hochschule und 47 % sind Erwerbspersonen, d.h. jeder zehnte ist zwar erwerbswillig, aber zum Zeitpunkt der Befragung arbeitslos.

Von den Studenten sind 28 % hier geboren oder bis zum Alter von 3 Jahren eingereist, während 44 % mit mehr als 16 Jahren eingereist sind. Sie haben zumeist die Hochschulreife im Herkunftsland erworben und sind dann - oft ohne Familie - in die Bundesrepublik Deutschland zwecks Studiums eingereist.

Tabelle: Aktueller Status nach Alter in der Bundesrepublik (n = 3313) in %

Alter in Jahren	15-18	19-21	22-25	26-30	alle
allgemeinbildende Schule	55,9	8,9	1,4	-	19,7
Berufsfachschule	4,6	4,8	3,0	1,4	3,5
BVJ/BGJ	7,3	4,4	1,1	2,0	3,8
duale Berufsausb.	17,1	19,7	3,5	1,2	10,1
berufstätig	6,6	38,1	52,8	58,7	36,8
arbeitslos	6,1	9,4	13,7	10,9	10,0
Hochschule	0,3	8,7	15,6	12,4	8,9
nicht berufstätig	2,1	6,1	8,9	13,4	7,2
	100,0	100,0	100,0	100,0	100,0

Quelle: BIBB, Repräsentativerhebung 1988/89

Junge Frauen nehmen häufiger an schulischen Ausbildungsgängen teil, zum einen hängt das mit ihrem Alter, sie sind die jüngeren, zum anderen damit zusammen, daß Frauen stärker schulische Qualifikationen bevorzugen. Berufstätig sind hingegen weit mehr männliche Befragte, was zum Teil mit ihrem höheren Alter zu erklären ist.

Der Kategorie nicht berufstätig haben sich (fast) ausschließlich Frauen zugeordnet (w.: 90 %, m:. 10 %). Es sind junge Frauen, die verheiratet sind und den eigenen Haushalt führen, aber auch solche, die mangels anderer Alternativen zu Hause bleiben und die Hausarbeit im Rahmen des elterlichen Haushalts übernehmen. 44 % von ihnen sind erst als Jugendliche mit 16 Jahren und mehr hier eingereist. Es ist somit anzunehmen, daß der auf den ersten Blick vergleichsweise niedrige Arbeitslosenanteil der Migrantinnen, z.T. mit ihrer verdeckten Arbeitslosigkeit zusammenhängt (vgl. Kapitel 4).

Tabelle: Status nach Geschlecht (n = 3313) in %

aktueller Status	weiblich	männlich
Schulausbildung	24,9	15,5
Berufsfachschule	4,2	2,9
BVJ, BGJ	4,3	3,4
duale Berufsausbildung	9,8	10,3
berufstätig	25,7	45,7
arbeitslos	6,4	12,8
Hochschule	9,9	8,1
nicht berufstätig	14,7	1,2
	100,0	100,0

Quelle: BIBB, Repräsentativerhebung 1988/89

Eltern

Die Eltern der jungen Ausländer wurden seit Mitte der 50er Jahre durch Arbeitsverträge aus den sechs Hauptherkunftsländern angeworben um den Mangel an Arbeitskräften in der Bundesrepublik zu mildern. Diese zwischenstaatlichen Verträge wurden zu unterschiedlichen Zeitpunkten abgeschlossen. Die italienischen Arbeitsmigranten sind daher am frühesten in die Bundesrepublik angeworben worden, die türkischen zuletzt.

Die Väter der jungen Ausländer sind durchschnittlich früher eingereist als die Mütter. 87 % der Väter und 72 % der Mütter sind vor 1973 eingereist. Hierbei gibt es keine geschlechtsspezifischen Unterschiede zwischen den Eltern der Mädchen und Jungen (vgl. Tabelle 1 im Anhang).

Die Mehrheit der Väter sind Arbeiter: jeder zweite arbeitet als Un- oder Angelernter, jeder fünfte als Facharbeiter. Nur wenige arbeiten in einem Angestelltenberuf. Jeder zehnte Arbeitsmigrant hingegen hat sich selbständig gemacht (vgl. Tabelle 2 im Anhang).

Von den *Frauen der ersten Generation* stehen 60 % im Erwerbsleben, 40 % der Mütter sind Hausfrauen. Von den erwerbstätigen Müttern arbeiten 62 % als unqualifizierte Kräfte, fast jede zehnte als Facharbeiterin bzw. als Angestellte. Die Frauen der ersten Generation haben weniger als ihre Ehemänner selbständig ein Geschäft eröffnet (w: 3 %). Doch arbeiten 8 % von ihnen im Familienbetrieb mit.

Über die Hälfte der Müttergeneration der jungen Migranten steht im Erwerbsleben und geht, neben Familien- und Hausarbeit, einer beruflichen Tätigkeit nach und trägt dadurch zum Familieneinkommen bei. Die Berufstätigkeit der Mutter gehört für die Mehrheit (63 %) der jungen Migrantinnen zum Alltag. Die Doppelorientierung von Frauen an Familie und Erwerbstätigkeit wird von den jungen Migrantinnen und Migranten innerhalb der eigenen Familie als Bestandteil ihrer täglichen Lebenswelt erfahren. Im Vergleich zu den Vätern arbeiten die Mütter häufiger als unqualifizierte Kräfte. Immerhin ist jede zehnte Mutter als Facharbeiterin beschäftigt und ihr Anteil an den Angestellten ist etwas höher als bei den Männern.

Tabelle: Berufstätigkeit des Vaters nach Nationalität (n = 2.514) - in % -

	Staatsangehörigkeit						
	Griechen	Italiener	Jugos-lawen	Spanier	Portu-giesen	Türken	alle
un- angelernter Arbeiter	42,1	33,1	24,1	33,0	52,5	64,9	52,4
Facharbeiter	19,1	24,8	29,5	32,7	21,4	16,2	19,8
Meister	1,0	7,5	13,1	9,7	3,8	1,5	3,9
Angestellter	8,3	9,6	8,6	7,7	9,7	3,3	5,6
Selbständiger	22,9	19,3	17,6	10,5	6,2	6,7	11,4
arbeitslos	0,7	1,5	2,9	3,7	0,4	3,2	2,6
Rente	6,0	3,3	2,6	2,6	2,5	2,9	3,2
Sonstiges	-	1,2	1,6	-	3,4	1,3	1,2

Quelle: Bundesinstitut für Berufsbildung, Repräsentativerhebung 1988/89

Die *Berufsstruktur* der Väter bzw. der Mütter ist für alle Befragten unabhängig vom Geschlecht annähernd gleich (vgl. Tabelle 2 im Anhang). Allerdings *unterscheidet sie sich signifikant nach der Nationalität:* die türkischen Väter sind häufiger als die griechischen, italienischen und jugoslawischen Väter in einer unqualifizierten Tätigkeit; wohingegen die italienischen, jugoslawischen sowie spanischen Väter deutlich häufiger als Facharbeiter und Meister arbeiten und die griechischen, italienischen und jugoslawischen Väter sich überdurchschnittlich häufig selbständig gemacht haben.

Tabelle: Berufstätigkeit der Mutter nach Nationalität (n = 2.514) - in % -

	Staatsangehörigkeit					
	Griechen	Italiener	Jugos-lawen	Spanier Portugiesen	Türken	alle
Hausfrauen	29,6	35,6	21,1	38,8	47,0	40,5
Erwerbspersonen (mit Selbständigen)	70,4	64,4	78,9	61,2	53,0	59,5
davon o un- und angelernte Arbeiterin	49,7	49,3	48,5	47,1	73,3	61,5
o Facharbeiterin	12,1	12,5	18,7	13,5	3,9	8,8
o Meisterin	-	0,4	1,2	-	0,3	0,5
o Angestellte	10,9	9,6	9,1	22,1	5,5	8,4
o Selbständige	9,7	2,9	3,5	4,8	1,9	33
o mithelfende Familienangehörige	12,7	18,0	10,1	6,7	3,4	8,0
o arbeitslos	1,2	4,0	5,6	4,8	9,2	6,7
o Sonstiges	2,4	3,7	2,5	1,9	3,0	2,,9

Quelle: Bundesinstitut für Berufsbildung, Repräsentativerhebung 1988/89

Die Hälfte der türkischen *Mütter* ist nicht im Erwerbsprozeß, deutlich häufiger als die griechischen, italienischen und jugoslawischen Mütter. Das hängt zum Teil damit zusammen, daß die türkischen Frauen, im Vergleich zu den anderen Müttern später in die Bundesrepublik eingereist sind, zu einem Zeitpunkt, wo die Beschäftigungschancen für un- und angelernte Arbeitskräfte bereits rückläufig waren. Wie bei den Vätern sind auch die erwerbstätigen Mütter türkischer Herkunft überproportional häufig als unqualifizierte Arbeitskräfte beschäftigt. 19 % der Mütter jugoslawischer Herkunft sind Facharbeiterinnen, vor den griechischen bzw. italienischen und weit vor den türkischen Müttern, während jede fünfte spanische und portugiesische Mutter als Angestellte arbeitet, gelingt dies den türkischen Müttern selten.

Familie

Die jungen Migranten leben meistens zusammen mit ihrer Familie, sei es mit den Eltern und Geschwistern oder mit Ehepartner und zum Teil eigenen Kindern (Vgl. Tabelle 3-7 im Anhang).

Die Mehrheit der Befragten, über zwei Drittel, ist ledig. Mit zunehmendem Alter steigt der Anteil der verheirateten Migranten an: während bei den 19- bis 21jährigen jeder fünfte verheiratet ist, sind es bei den 26- bis 30jährigen Erwachsenen rund 60 %. Die Hälfte dieser Altersgruppe hat bereits ein oder mehrere Kinder und lebt mit der eigenen Kleinfamilie in einer gemeinsamen Wohnung. Von den ledigen Befragten dieser Altersgruppe wohnte ein Teil auch alleine in der eigenen Wohnung (18 %). Die meisten 15- bis 18jährigen Jugendlichen hingegen leben mit Eltern und Geschwistern zusammen. Während bei den 19- bis 21jährigen das Zusammenwohnen mit den Eltern noch deutlich überwiegt, gewinnt das Zusammenleben mit dem Ehepartner bzw. das Alleinewohnen (14 %) bei den 22- bis 25jährigen an Bedeutung.

Tabelle: Familienstand nach Alter (n = 3.364) - in % -

Familienstand	Alter der Befragten				
	15-18 Jahre	19-21 Jahre	22-25 Jahre	26-30 Jahre	alle
ledig	97,0	78,5	63,3	35,2	70,4
verheiratet	3,0	19,7	33,0	60,2	27,2
mit Freund	-	1,3	2,7	2,1	1,5
geschieden	-	0,5	1,0	2,3	0,9
	100,0	100,0	100,0	100,0	100,0

Quelle: Bundesinstitut für Berufsbildung, Repräsentativerhebung 1988/89

Die 22- bis 30jährigen Migrantinnen leben häufiger als die gleichaltrigen Männer mit eigener Familie und Kind, seltener allein bzw. bei den Eltern und Geschwistern. Migrantinnen und männliche Migranten türkischer Herkunft sind tendenziell häufiger verheiratet als die Migranten anderer Nationalität. 10 %

der Ehepartner- bzw. partnerinnen der türkischen Migranten leben noch im Herkunftsland, etwas häufiger als bei den anderen Nationalitäten.

Tabelle: Familienstand nach Nationalität (n = 3.364) - in % -

	griech.	italien.	jugosl.	portugies.	spanisch	türkisch
ledig	73,5	71,3	75,8	75,5	75,0	68,0
verheiratet	23,9	24,6	19,2	23,5	20,7	30,8
lebe mit Freund	1,6	2,7	4,1	0,5	2,6	0,5
geschieden	1,0	1,5	1,0	0,5	1,7	0,6
	100,0	100,0	100,0	100,0	100,0	100,0

Quelle: Bundesinstitut für Berufsbildung, Repräsentativerhebung 1988/89

Die meisten Migrantinnen und männlichen Migranten türkischer Herkunft sind mit Ehepartnern der gleichen Nationalität verheiratet (90 %). Ähnlich sieht es bei den jungen Griechen aus (79 %). Jugoslawen und Italiener haben demgegenüber Ehepartner bzw. -partnerinnen anderer Nationalität: Die Hälfte der verheirateten Jugoslawen und 42 % der Italiener leben mit einem deutschen Ehepartner zusammen.

Die meisten jungen Ausländer sind als Kinder von Migranten in der Bundesrepublik Deutschland geboren oder im Kindes- bzw. Jugendalter eingereist. Sie gehören zur sogenannten 2. Generation der Arbeitsmigranten. Ein Teil der Befragten jedoch sind ohne ihre Eltern in die Bundesrepublik gekommen. Weder der Vater noch die Mutter dieser Befragten sind zu irgendeinem Zeitpunkt in die Bundesrepublik eingereist. Insgesamt sind es 380 junge Migranten, d.h. rund 10 % aller Befragten (w.: 10 %; m.: 12 %). Es besteht kein geschlechtsspezifischer Unterschied. 60 % von ihnen sind zwischen 26 und 30 Jahre, 32 % zwischen 22 und 25 Jahre alt. Die überwältigende Mehrheit (92 %) ist mit 16 Jahren und mehr in die Bundesrepublik eingereist. Dementsprechend haben 88 % von ihnen hier keine Schule besucht; die Hälfte war neun und mehr Jahre auf einer Schule im Herkunftsland. Die Hälfte der jungen Migranten, die allein in die Bundesrepublik kamen, sind berufstätig, 20 % studieren, 10 % sind arbeitslos, und 15 % geben an, nicht berufstätig zu sein. Italiener, Spanier und Portugiesen sind in dieser Gruppe über-, junge Türken unterrepräsentiert. Diese Unterschiede sind bei den jungen Frauen noch stärker: Rund 18 % der Portugiesinnen, Spanierinnen und Italienerinnen, aber nur 5 % der Türkinnen leben ohne ihre Eltern in der Bundesrepublik.

Die Freizügigkeit, wie sie die Mitgliedstaaten der Europäischen Gemeinschaft ihren Staatsangehörigen hinsichtlich der Einwanderung gewähren, hat dazu beigetragen, daß junge Menschen ihre Chance für eine gewisse Zeit im Ausland zu leben und zu arbeiten, nutzen.

Die jungen Italiener, denen diese Möglichkeit in der EG bereits am längsten offensteht, stellen ein Drittel der jungen Erwachsenen dar, die ohne Eltern hierher eingewandert sind. Zunehmend nutzen auch Portugiesen und Spanier diese Möglichkeit, während die jungen Griechen noch eher zurückhaltend sind.

Durch die Einführung des EG-Binnenmarktes ist zu erwarten, daß die Zahl junger Erwachsener, die sich für einen Auslandsaufenthalt entscheiden, ansteigen wird. Auf ihre Weise tragen sie dazu bei, den Integrationsprozeß der Gemeinschaft voranzubringen.

Tabelle: Staatsangehörigkeit und Einreise mit/ohne Eltern (n = 3.407) - in %

Einreise ohne Eltern	Griechen	Italiener	Jugos-lawen	Spanier	Portu-giesen	Türken	alle
ja	12,517,1	13,5	15,4	15,9	7,7	11,1	
nein	87,582,9	86,5	84,6	84,1	92,3	88,9	

Quelle: Bundesinstitut für Berufsbildung, Repräsentativerhebung 1988/89

Korrekturblatt (Hochmotiviert und abgebremst)

Seite 34:

Tabelle: Staatsangehörigkeit und Einreise mit/ohne Eltern (n = 3.407) - in %

Einreise ohne Eltern	Griechen	Italiener	Jugoslawen	Spanier	Portugiesen	Türken	alle
ja	12,5	17,1	13,5	15,4	15,9	7,7	11,1
nein	87,5	82,9	86,5	84,6	84,1	92,3	88,9

Quelle: Bundesinstitut für Berufsbildung, Repräsentativerhebung 1988/89

Seite 35:

1. 52 % Prozent der Migrantinnen und 67 % der Männer haben eine allgemeinbildende Schule in der Bundesrepublik besucht und abgeschlossen.

3 Schulische und Berufliche Bildung

3.1 Schulische Bildung

Die Bildungssituation junger Ausländer war bereits in den 70er und 80er Jahren Gegenstand sozialwissenschaftlicher Forschung. Fehlende Schulabschlüsse einerseits sowie unzureichende Sprachbeherrschung andererseits wurden dadurch aufgezeigt. Im folgenden werden Besuch und Abschluß der allgemeinbildenden Schule in der Bundesrepublik und im Herkunftsland eingehend analysiert und mit der BIBB-Untersuchung von 1979 verglichen, um die Vielfältigkeit der Bildungskarrieren von jungen Migrantinnen und die Entwicklung ihrer Bildungssituation darzustellen und dadurch die Partizipationschancen, die ihnen der Schulabschluß beim Zugang zu beruflicher Ausbildung eröffnet, besser einschätzen zu können.[8]

Die Analyse der schulischen Bildung unterscheidet zwischen Befragten, die die allgemeinbildende Schule nur im Herkunftsland besucht haben, denjenigen die noch immer hier Schüler sind, sowie denjenigen, die eine Schule in der Bundesrepublik besucht und abgeschlossen haben.

1. Zwei Prozent der Migrantinnen und 67 % der Männer haben eine allgemeinbildende Schule in der Bundesrepublik besucht und *abgeschlossen.*

2. 20 % der jungen Frauen und 25 % der jungen Männer haben *nur* im Herkunftsland eine allgemeinbildende Schule besucht.

3. 26 % der Mädchen, aber nur 16 % der Jungen sind *Schüler.*

3.1.1 Schulabsolventen

Die jungen Frauen haben häufiger als ihre männlichen Altersgenossen den Abschluß einer allgemeinbildenden Schule erreicht. Zudem erlangten sie mehr weiterführende Schulabschlüsse, Abitur bzw. mittleren Bildungsabschluß: jede dritte Migrantin aber nur jeder vierte männliche Migrant verfügt über einen

8 Die Schulsituation junger Migranten hat D. Beer (siehe Beer 1993) ausführlich untersucht.

solchen weiterführenden Schulabschluß. Die jungen Frauen haben ein höheres Schulabschlußniveau als die jungen Männer.

Tabelle: Schulabschluß Bundesrepublik (n = 1861) in %

	weiblich (n = 778)	männlich (n = 1083)	insgesamt
Hauptschulabschluß	50,3	50,7	50,5
Sonderschulabschluß	1,6	4,5	3,3
Realschulabschluß	22,4	16,8	19,1
Abitur	13,5	9,9	11,4
Sonstiges	3,7	4,8	4,4
keinen Abschluß	8,5	13,3	11,2
Basis	100	100	100

Quelle: Bundesinstitut für Berufsbildung, Repräsentativerhebung 1988/89

Im Vergleich zur BIBB Erhebung '79, als noch über 45 % der Befragten die Schule ohne Abschluß verließen, haben zehn Jahre später die jungen Ausländer ihre schulische Situation deutlich verbessert. Dies liegt vor allem daran, daß die 15- bis 25jährigen Befragten im Vergleich zu 1979 wesentlich früher hier eingewandert sind, ein großer Teil von ihnen vor dem Einschulungsalter.

Die Frauen konnten ihren Schulerfolg mehr steigern als die Männer:

- Erreichten damals gleichviel Jungen und Mädchen einen Abschluß, so verfügen zehn Jahre später die Mädchen über mehr Abschlüsse.
- Der Anteil derjenigen, die von der Sonderschule abgehen, ist bei den Jungen überproportional gestiegen.
- Damals hatten tendenziell weniger Mädchen als Jungen einen Hauptschulabschluß, 1989 hatten sie genauso viele.
- Auch die Abschlüsse weiterführender Schulen konnten die Mädchen überproportional steigern: Während sich Abitur und Realschulabschluß bei den Jungen vervierfacht haben, verfügen 1989 fünfmal so viele junge Migrantinnen darüber.

Tabelle: Schulabschluß Bundesrepublik 15- bis 25jährige Ausländer 1979 und

1989 in %

	1979		1989	
	weiblich (n = 418)	männlich (n = 525)	weiblich (n = 651)	männlich (n = 893)
Hauptschulabschluß	37,8	41,9	49,9	50,8
Sonderschulabschluß	0,5	1,1	1,7	4,7
Realschulabschluß	6,5	5,0	24,3	17,6
Abitur	0,7	1,5	12,7	9,3
Sonstiges	6,7	4,4	3,8	4,1
keinen Abschluß	47,8	46,1	7,5	13,4
Basis	100	100	100	100

Quelle: Bundesinstitut für Berufsbildung, Repräsentativerhebung 1979 und 1988/89

Für Mädchen und Jungen gilt, daß diejenigen die in der Bundesrepublik geboren sind, den niedrigsten Anteil an Schulabgängern ohne Abschluß aufweisen. Je später sie einreisen, desto höher steigt der Anteil derjenigen, die die Schule ohne Abschluß beendet haben.

Die Analyse der Daten nach Geschlecht und Einreisealter zeigt, daß die jungen Frauen, in jeder Einreisealtersgruppe mehr und bessere Schulabschlüsse erreicht haben (vgl. Tabelle 8 im Anhang).[9]

- Bis zum Einreisealter von sechs Jahren haben Migrantinnen ein höheres Schulabschlußniveau als die männlichen Migranten. Der größte Unterschied besteht bei denen die hier geboren sind. Auch der Anteil der Schulabgängerinnen ohne Abschluß ist bis zu diesem Zeitpunkt deutlich niedriger als bei den männlichen Befragten - gleicht sich aber bei höheren Einreisealter an.

9 Diejenigen, die mit mehr als 16 Jahren hier eingereist sind, werden nicht in die Analyse einbezogen, da 85% von ihnen keine Schule in der BRD besucht haben.

- Bei denjenigen, die mit mehr als sieben Jahren einreisen, schwinden die Differenzen beim Schulerfolg der Mädchen und Jungen: Anzahl und Art des Schulabschlusses gleicht sich an.
- Die Einreise bis sechs Jahren, d.h. vor der Einschulung ist gerade für die jungen Frauen sehr bedeutsam: bis zu diesem Zeitpunkt der Einreise ist der Anteil der Schulabsolventinnen mit Abitur oder Mittlerer Reife konstant, sinkt dann aber, wenn sie mit höherem Alter nach Deutschland kommen. Auch die Zahl der Schulabgängerinnen ohne Abschluß steigt bei einem höheren Einreisealter drastisch an (kein Abschluß: bis zu sechs Jahre: 4 %; 7-10 Jahre: 11 %; 11-15 Jahre: 20 %).

Das Einreisealter hat auf die Schulabschlüsse der jungen Frauen und Männer einen unterschiedlichen Einfluß: Während der Anteil der männlichen Schulabsolventen ohne Abschluß mit steigendem Einreisealter kontinuierlich wächst und der Anteil derjenigen mit weiterführenden Schulabschlüssen sich ohne erkennbaren Zusammenhang entwickelt, ist der Schulerfolg der jungen Frauen bis zum Einreisealter von sechs Jahren konstant - und liegt über dem der Männer, verschlechtert sich jedoch mit einem höheren Einreisealter. *Brüche in der schulischen Sozialisation schlagen beim Schulerfolg der Mädchen deutlich zu Buche. D.h. Mädchen, die bis zum Alter von sechs Jahren einreisen und hier eineschult werden, haben eine größere Chance auf eine erfolgreiche Schullaufbahn.*

Zwischen der *Staatsangehörigkeit* und dem Schulabschluß besteht ein deutlicher Zusammenhang. Die Jugendlichen *türkischer* Nationalität weisen den geringsten Schulerfolg auf: Sie verlassen am ehesten die Schule ohne Abschluß (13 %), sie haben am wenigsten Schulabschlüsse weiterführender Schulen (26 %), allerdings haben 52 % der jungen Türken einen Hauptschulabschluß. Den größten Schulerfolg haben *Spanier, Portugiesen und Jugoslawen*: Nur wenige verlassen die Schule ohne Abschluß, über 40 % von ihnen verfügen über einen mittleren und hohen Schulabschluß, die anderen haben einen Hauptschulabschluß (J.: P.: 47 %, S.: 41 %). Die Italiener liegen mit ihrem Schulerfolg im Durchschnitt aller Befragen: Über die Hälfte hat einen Hauptschulabschluß, ein Drittel einen weiterführenden Schulabschluß und 9 % haben die Schulen ohne Abschluß verlassen. Der Schulerfolg der Jugendlichen *griechischer* Herkunft unterscheidet sich im qualitativen Bereich von dem ihrer italienischen Altersgenossen: Zwar verlassen 13 % der jungen Griechen die Schule ohne Abschluß, doch 37 % haben einen weiterführenden Schulabschluß. Traditionell sehr in Richtung höherer Allgemeinbildung orientiert, haben die Griechen vor allen anderen Nationalitäten am häufigsten das Gymnasium besucht und erfolgreich mit dem Abitur abgeschlossen.

Auch die Bildungssituation der jungen Frauen stellt sich - nach Nationalität betrachtet, sehr unterschiedlich dar.[10]

Die Hälfte der ehemals jugoslawischen Schulabsolventinnen verfügt über weiterführende Schulabschlüsse, gefolgt von den Italienerinnen und Griechinnen (40 %). Von den hier betrachteten Nationalitäten verlassen die Italienerinnen am seltensten (4 %) die Schule ohne Abschluß. Im Vergleich zu den anderen Migrantinnen haben die Türkinnen den geringsten Schulerfolg.

Bei den männlichen Schulabgängen sieht die Situation wieder anders aus. Die Schulkarrieren der Griechen verlaufen in zwei Extremen: einerseits verlassen sie die Schule ohne Abschluß (16 %), andererseits hat jeder Dritte einen weiterführenden Bildungsabschluß. Die männlichen Türken und Italiener erreichen seltener Mittlere Reife und Abitur (24 % bzw. 25 %), hinzukommt daß sie zum Teil ohne Abschluß die Schule verlassen (m.T.: 16 %; m.I: 11 %).

Migrantinnen aller Nationalitäten haben eine höhere Schulbildung als die männlichen Migranten. Die größten Unterschiede bestehen zwischen Italienerinnen und Italienern, aber auch die Frauen jugoslawischer und griechischer Abstammung sind den männlichen Jugendlichen ihrer Nationalität hinsichtlich der Qualität der Schulabschlüsse weit voraus.

Auch die Schulkarrieren der Türkinnen verlaufen erfolgreicher als die der männlichen Jugendlichen türkischer Herkunft. Sie bleiben seltener ohne Abschluß und haben häufiger Hauptschul- bzw. Abschlüsse weiterführender Schulen.

---

10 Portugiesen und Spanier werden hinsichtlich der Schulabschlüsse wegen zu geringer Fallzahlen nicht geschlechtsspezifisch ausgewertet.

Tabelle: Schulabschluß nach Staatsangehörigkeit und Geschlecht (n = 1861) in %

Schulabschluß	griechisch		italienisch		jugoslawisch		portugiesisch		spanisch		türkisch	
	w	m	w	m	w	m	w	m	w	m	w	m
Hauptschulabschluß	44,9	44,6	49,5	57,4	38,4	53,4	39,8	51,9	34,8	46,1	55	49,1
Sonderschulabschluß	-	1,0	1,9	3,9	2,3	0,7	-	3,8	-	5,5	1,9	5,7
Realschulabschluß	14,7	17,9	22,4	18,2	30,3	20,7	30,5	28,1	30,4	29,7	21,6	14,3
Abitur	25,7	15,1	18,7	7,4	20,9	14,6	21,6	10,8	23,6	10,9	7,8	9,3
Sonstiges	3,2	5,8	3,1	2,2	1,2	2,6	5,1	0,8	6,7	5,5	4,1	6,0
kein Abschluß	11,5	15,6	4,4	10,9	7,0	8,0	2,9	4,6	4,5	2,3	9,6	15,5
	100	100	100	100	100	100	100	100	100	100	100	100

Quelle: Bundesinstitut für Berufsbildung, Repräsentativerhebung 1988/89

Ein Teil der ausländischen Schulabsolventen hat vor der allgemeinbildenden Schule in der Bundesrepublik eine Schule im Herkunftsland besucht, die Hälfte der männlichen und 40 % der weiblichen Schulabsolventen.

Rund jede zehnte Migrantin und 16 % der jungen Männer, *die in der Bundesrepublik geboren bzw. bis zum Alter von drei Jahren eingereist* sind, haben die Schule auch im Herkunftsland besucht, bzw. wurden dort möglicherweise auch eingeschult. Dies bedeutet, daß sie als Kinder oder Jugendliche ein oder mehrere Male zwischen der Bundesrepublik und ihrem Heimatland hin- und hergewandert sind und abwechselnd die Schulsysteme beider Länder kennengelernt haben.

Die Jungen sind im Schnitt etwas länger als die Mädchen in eine Schule im Herkunftsland gegangen und haben dadurch auch häufiger weiterführende Schulen besucht. Dies liegt daran, daß sie mit höherem Alter eingereist sind als die Migrantinnen, also eine längere Zeit ihres Lebens im Herkunftsland verbracht haben und dadurch erst die Möglichkeit hatten die Schule länger zu besuchen.

Schulabsolventen:

Tabelle: Besuch und Abschluß einer allgemeinbildenden Schule im Herkunftsland

	weiblich		männlich	
Schulart	besucht	abgeschlossen	besucht	abgeschlossen
elementar	71,2	30,0	64,2	33,1
mittel	16,6	10,6	22,9	9,5
hoch	5,9	4,2	10,2	6,9
Universität	0,3	0	0,4	0,4
sonstiges	5,8	0,6	2,3	0,8
kein Abschluß	-	54,6	-	49,3
Basis	100	100	100	100

Quelle: Bundesinstitut für Berufsbildung, Repräsentativerhebung 1988/89

Neben dem Schulabschluß in der Bundesrepublik hat ein kleiner Teil der Migrantinnen einen Abschluß im Herkunftsland erworben (14 %), die jungen Männer haben etwas häufiger doppelte Schulabschlüsse. Die jungen Migranten haben diese Abschlüsse überwiegend der Kategorie "niedrig" zugeordnet.[11]

Diejenigen, die in Deutschland keinen Abschluß erreicht haben, verfügen zum Teil (ca. ein Drittel) über einen allgemeinbildenden Abschluß bzw. das Zeugnis der entsprechenden Abgangsklasse aus dem Herkunftsland, wobei der Schulbesuch in der Regel 5 bis 8 Jahre dauerte.

---

11 Ein "niedriger" Abschluß bedeutet, daß es sich nicht unbedingt um einen formal anerkannten Schulabschluß handeln muß, sondern lediglich um das Zeugnis der entsprechenden Klassenstufe handeln kann.

Die folgende Übersicht gibt einen Überblick über die Schulabschlüsse der Jugendlichen, die sie hier bzw. im Heimatland erworben haben:

Tabelle: Schulabsolventen BRD in %

	weiblich (n = 778)	männlich (n = 1051)
nur Schulabschluß BRD	78	69,2
Schulabschluß BRD und Herkunftsland	13,5	18,2
nur Schulabschluß Herkunftsland	2,7	4,7
weder Schulabschluß BRD noch aus dem Herkunftsland	5,8	8,0

Quelle: Bundesinstitut für Berufsbildung, Repräsentativerhebung 1988/89

Der folgende Abschnitt befaßt sich mit den Schulabgängern, die in der Bundesrepublik keinen Abschluß erreicht haben und analysiert Faktoren für ihre Erfolgslosigkeit. Dabei werden sie mit den Hauptschulabsolventen verglichen, da 75 % der erfolglosen Schulabgänger die Hauptschule besucht haben.

Jugendliche ohne Abschluß haben genauso wie Hauptschulabsolventen die Grundschule in der Bundesrepublik besucht, unabhängig vom Geschlecht (HSabschl. 55 %; o. Abschl. 53 %). D.h., daß ein möglicherweise mangelnder Grundschulbesuch den Mißerfolg nicht erklären kann.

Bei den Mädchen ohne Abschluß wird deutlich, daß sie sehr viel häufiger als die erfolgreichen Hauptschulabgängerinnen die Schule auch im Heimatland besucht haben, und zudem auch länger; sie sind dementsprechend häufiger mit mehr als sieben Jahren in die Bundesrepublik eingereist. Dabei haben nur sehr wenige die Schule in der Bundesrepublik neun Jahre und mehr besucht ganz im Gegensatz zu den Hauptschulabsolventinnen (w.: Hauptschulabschl.: 67 %, ohne Abschl.: 13 %).

Die nach Einschulung erfolgende Einreise sowie die kurze Schulbesuchsdauer in der Bundesrepublik senken die Chancen der jungen Migrantinnen auf eine erfolgreiche Schullaufbahn wesentlich.

Bei den männlichen Jugendlichen ohne Abschluß gibt es hingegen nur tendenzielle Unterschiede zu den Hauptschulabsolventen hinsichtlich Einreisealter und Schulbesuch im Heimatland. Der Unterschied in der Dauer des Schulbesuchs in der Bundesrepublik ist zwischen erfolgreichen und erfolglosen männlichen Hauptschülern zwar groß, aber nicht in dem Maße wie bei den Migrantinnen.

Späte Einreise und Schulbesuch im Herkunftsland können schulische Mißerfolge bei den männlichen Absolventen nicht hinreichend erklären.

Die jungen Männer ohne Abschluß haben durchschnittlich länger als die Frauen eine Schule in der Bundesrepublik besucht.

Übersicht in %

	Schulabsolventinnen		Schulabsolventen	
	mit Hauptschulabschluß	ohne Abschluß	mit Hauptschulabschluß	ohne Abschluß
Einreisealter 7 Jahre und mehr	39	66	42	53
Schulbesuch Herkunftsland ja	37	73	50	6
Schulbesuchsdauer BRD 9 Jahr und mehr	67	15	63	36

Quelle: Bundesinstitut für Berufsbildung, Repräsentativerhebung 1988/89

3.1.2 Schulbesuch nur im Herkunftsland

23 % aller Migranten haben keine Schule in der Bundesrepublik besucht: jede fünfte Migrantin und jeder vierte männliche Migrant. 85 % von ihnen sind mit mehr als 16 Jahren hier eingereist. Über 40 % sind allein, d.h. ohne ihre Eltern in die Bundesrepublik gekommen, dies gilt ebenso für die jungen Frauen (w.: 42 %; m.: 45 %). Die Hälfte ist über 26 Jahre alt, ein Drittel zwischen 22 und 25 Jahren (unabhängig vom Geschlecht). Italiener und Griechen sind verhältnismäßig mehr als Türken in dieser Gruppe vertreten (vgl. Kap. 2).

Die männlichen Türken, die durchschnittlich älter sind als die befragten Türkinnen, haben häufiger die Schule ausschließlich im Heimatland besucht - umgekehrt ist es bei Spanierinnen und jungen Frauen jugoslawischer Herkunft (vgl. Tabelle 9a im Anhang).

Die Hälfte der Migrantinnen, sind neun Jahre und mehr auf eine Schule im Heimatland gegangen (w.: 52 %; m.: 48 %, vergl. Tabelle 9 im Anhang).

Mädchen und Jungen haben im Heimatland überwiegend dieselben Schultypen besucht. Allerdings haben die Mädchen häufiger einen Abschluß, während es beim Niveau des erreichten Schulabschlusses keine geschlechtsspezifischen Unterschiede gibt: Jede fünfte Schulabsolventin hat im Heimatland einen mittleren Abschluß oder die Hochschule erreicht, jede zehnte hat die Universität mit einem Diplom abgeschlossen.

Die Auswanderung nach Deutschland und damit der Abbruch der Schulzeit im Heimatland fand bei den Jugendlichen - unabhängig vom Geschlecht - in der Mittelstufe bzw. beim Besuch der mittleren Schule statt. Dagegen konnten alle Schülerinnen, bzw. fast alle männlichen Schüler (92 %), die eine Schule besuchten die zur Hochschulreife führt, diese, vor ihrer Emigration, erfolgreich abschließen.

Tabelle: Nur Schulbesuch Herkunftsland:
Besuch und Abschluß der Schule bzw. der Universität, in %

Schulart	weiblich (n = 263) besucht	weiblich (n = 263) abgeschlossen	männlich (n = 425) besucht	männlich (n = 425) abgeschlossen	alle Befragten insgesamt (n = 688) besucht	alle Befragten insgesamt (n = 688) abgeschlossen
elementar	29,5	26,5	23,7	22,2	25,9	23,9
mittel	28,1	22,2	30,7	19,0	29,7	20,3
hoch	23,2	23,1	27,3	24,8	25,8	24,2
Universität	15,2	11,4	12,9	8,3	13,8	9,5
sonstiges	4,0	1,9	5,5	3,2	4,9	2,7
keine	-	14,8	-	22,4	-	19,5
	100	100	100	100	100	100

Quelle: Bundesinstitut für Berufsbildung, Repräsentativerhebung 1988/89

Bei den Männern ist die Art des erreichten Schulabschlusses und die Frage, ob die Einwanderung allein bzw. als Familiennachzug erfolgte, unabhängig voneinander, bei den jungen Frauen ist dies anders: Zwei Drittel derjenigen Migrantinnen, die eine Hochschule im Heimatland abgeschlossen haben, sind allein, in Deutschland eingewandert. Es ist zu vermuten, daß die Bildungsvoraussetzungen der Eltern dieser jungen Frauen sowie ihre sozioökonomische Situation sehr verschieden sind von der der ersten Generation der Arbeitsmigranten und daß sie möglicherweise aus anderen, wirtschaftlich stärker entwikkelten Regionen ihres Landes stammen. Dies gilt auch für einen Teil derjenigen, die das Abitur im Heimatland erworben haben. Das Motiv der Einreise in die Bundesrepbulik liegt entsprechend nicht im Nachzug zur Familie, sei es zu den Eltern bzw. zum Ehepartner, sondern im Erwerb bzw. in der Erweiterung von Qualifikationen: über die Hälfte der jungen Migrantinnen, die die Schule im Heimatland mit dem Abitur bzw. einem Studium abgeschlossen hatten, haben nach ihrer Einreise in die Bundesrepublik an einer Hochschule studiert.

Genauso wie beim Schulbesuch in der Bundesrepublik sind die Migrantinnen, die ihre Kinder- und Jugendzeit im Heimatland verbracht haben und ihre schulische Sozialisation durchgehend dort erlebt haben, schulisch erfolgreicher als die Männer; sie haben mehr Abschlüsse allgemeinbildender Schulen bzw. Hochschulen erworben.

3.1.3 Schüler

26 % der Mädchen und 16 % der Jungen sind noch Schüler allgemeinbildender Schulen in der Bundesrepublik. 90 % der Schüler sind zwischen 15 und 18 Jahre alt. Ihr Einreisealter ist gleich: Die Hälfte der Schülerinnen ist hier geboren, 23 % bis zum Alter von drei Jahren eingereist. Jugendliche, die in Deutschland noch zur Schule gehen, sind doppelt so häufig hier geboren (w.: 54 %; m.: 50 %) wie Schulabsolventen (w.: 23 %; m.: 21 %). Mehr als die Hälfte der Schüler hat die Grundschule in der Bundesrepublik besucht (60 %). Jeder fünfte hat davor eine Schule im Herkunftsland kennengelernt, bedeutend seltener und kürzer als die Jugendlichen, die bereits die Schule hier abgeschlossen haben.

Im Vergleich zu den Jugendlichen, die die Schule bereits verlassen haben, gehen die Schüler seltener auf eine Hauptschule (Schulabsolventen Hauptschulbesuch 68 %) und häufiger auf weiterführende Schulen. Der Anteil an

Gymnasiasten hat sich bei Jungen und Mädchen verdoppelt, während der Besuch der Realschule bei beiden Geschlechtern gleich geblieben ist.
Über die Hälfte der Schülerinnen gehen auf weiterführende Schulen: sie sind häufiger auf einer Realschule und seltener in einer Hauptschule als die männlichen Jugendlichen.

In der Bundesrepublik besuchen sie folgende Schularten:

Tabelle:

	Schülerinnen (n = 356) in %	Schüler (n = 287) in %
Gymnasium	30,4	30,7
Realschule	24,9	16,7
Gesamtschule	10,7	9,1
Hauptschule	30,7	39,7
Sonderschule	3,0	2,8
sonstige Schulen	0,3	1,0

Quelle: Bundesinstitut für Berufsbildung, Repräsentativerhebung 1988/89

Die Hälfte der Mädchen türkischer Herkunft sind auf weiterführenden Schulen. Italienerinnen und Jugoslawinnen besuchen überwiegend diese Schultypen (w.I.: 63 %, w.J.: 75 %). Im Vergleich zu den männlichen Schülern ihrer Nationalität gehen die türkischen Schülerinnen häufiger auf eine Realschule, dafür seltener auf ein Gymnasium, wobei jeweils 40 % auf ein Gymnasium gehen. Bei den türkischen Schülerinnen sind es 22 % (vgl. Tabelle 10 und 11 im Anhang).[12]

---

12 Wegen zu geringer Fallzahlen bei den Befragten der anderen Nationalitäten werden bei den Schülerinnen: Italienerinnen, Jugoslawinnen und Türkinnen; bei den Schülern die türkischen mit den anderen Schülern verglichen.

3.1.4 Bilanz

Die Analyse der Schulkarrieren junger Migranten zeigt, daß sich ihre schulische Bildung in den letzten Jahren erheblich verbessert hat. Die jungen Frauen haben hierbei besondere Fortschritte zu verzeichnen: Sie verfügen über mehr und qualitativ höhere Schulabschlüsse als die Männer und besuchen 1989 häufiger Realschule und Gymnasium.

Trotz der Verbesserung der Bildungsvoraussetzungen der jungen Ausländer in der Bundesrepublik, gibt es auch weiterhin deutliche Unterschiede zwischen den Nationalitäten. Gerade die zahlenmäßig größte Gruppe, die Jugendlichen türkischer Herkunft weisen immer noch den geringsten Schulerfolg auf, obwohl die türkischen Mädchen erhebliche Bildungsanstrengungen unternommen haben und sich ihre schulische Situation verbessert hat.

An der qualitativen Distanz zur schulischen Vorbildung deutscher Jugendlicher hat sich nur wenig verändert, da im Vergleichszeitraum die Bildungsabschlüsse der deutschen Schulabsolventen ebenfalls gestiegen sind. Auf eine Tendenz in Richtung Angleichung verweisen hingegen die Zahlen zum Schulbesuch der ausländischen Jugendlichen: die Schüler sind vielfach an weiterführenden Bildungsgängen beteiligt, was in einigen Jahren auf eine entsprechende Steigerung der Bildungsabschlüsse hoffen läßt.

3.2 Perspektiventwicklung und Berufswahl

Durch die zunehmende Pluralisierung der Lebenswelten von Jugendlichen gewinnt ihre Fähigkeit zur Perspektiventwicklung an Bedeutung. Junge Frauen eröffnen sich zahlreiche Möglichkeiten der Lebensgestaltung, die gerade in der Jugendphase Entscheidungen über den weiteren Bildungsweg verlangen.

Die Sozialisationserfahrungen der Migranten unterscheiden sich sehr danach, wie lange sie bereits in der Bundesrepublik leben und welche Schule sie hier besucht haben bzw. ob sie ihre gesamte Schulzeit in ihrer Heimat verbracht und erst nach/bei Abschluß der allgemeinbildenden Schule hier eingereist sind. Die schulischen Bildungvoraussetzungen haben einen weitreichenden Einfluß auf die beruflichen Pläne bzw. Qualifikationswünsche für die Zeit nach Abschluß der Schule.

Die Mehrheit der Migranten entwickelten bei Schulabschluß eine eigene Perspektive. Dabei nannten zwei Drittel berufliche Pläne, die mit dem Ziel einer Qualifizierung verbunden sind. Es zeigt sich eine leichte Tendenz dahingehend, daß Frauen häufiger solche beruflichen Vorstellungen entwickelten als Männer (w.: 68 %; m.: 64 %). Rund ein Drittel der Jugendlichen hatten keine berufliche Perspektive: entweder hatten sie überhaupt keine eigenen Pläne oder sie hatten die Intention gleich eine Arbeit aufzunehmen, um Geld zu verdienen - eine Vorstellung, die sie nicht zur Erlernung eines Berufes führt. Lediglich 10 % gaben direkt an, keine Pläne gehabt zu haben. Bei den Männern liegt dieser Anteil niedriger (6 %) als bei den jungen Frauen (13 %). Rund 20 % strebten gleich auf den Arbeitsmarkt - Männer signifikant häufiger als Frauen (w.: 16 %, m.: 29 %).

Schulbesuch und Schulabschluß in der Bundesrepublik bestimmen die Perspektiventwicklung wesentlich.

Jugendliche und junge Erwachsene, die ausschließlich im Herkunfstland in die Schule gegangen sind, gaben relativ häufig an, keine berufliche Perspektive bei ihrer Einreise gehabt zu haben. Migrantinnen hatten überdurchschnittlich häufig keine eigenen Pläne (w.: 28 %; m.: 10 %), während die männlichen Migranten eher vorhatten, gleich Geld zu verdienen (w.: 18 %; m.: 34 %). Rund 50 % der Migrantinnen, die ihre Schulzeit im Heimatland verbracht haben sind an beruflicher Qualifizierung interessiert: einerseits beabsichtigen sie mit dem Abitur, das sie im Heimatland erworben haben, in der Bundesrepublik zu studieren (23 %) - dies gilt gleichfalls für die männlichen Einw.:anderer - andererseits wollten 20 % der späteingereisten Frauen in Deutschland einen Beruf erlernen. Der Besuch einer weiterführenden Schule kommt für einen kleineren Teil der Frauen in Betracht (7 %).

Die Mehrheit der *Migranten, die in der Bundesrepublik eine Schule besucht haben*, wollen einen Beruf erlernen (58 %). Einige möchten eine weiterführende Schule besuchen (5 %) oder ein Studium beginnen (9 %). Jeder fünfte Schulabsolvent möchte allerdings gleich arbeiten.

Die Schulabsolventinnen wollen genauso häufig wie die jungen Männer einen Beruf erlernen. Hinsichtlich der schulischen und beruflichen Qualifizierungswünsche herrscht insgesamt eine relativ große Übereinstimmung zwischen den Geschlechtern: 76 % der jungen Frauen und 69 % der jungen Männer, die hier die Schule besucht haben, streben eine berufliche, schulische oder universitäre Ausbildung an. Schulbesuch und Schulabschluß in der Bundesrepublik verstärken gerade bei den Migrantinnen die Entwicklung eigener beruflicher Perspektiven. Nur wenige Schulabsolventinnen gaben an, keine beruflichen Pläne zu haben (7 %).

Jeder vierte männliche Schulabgänger, bei den Frauen sind es signifikant weniger, wollte im Anschluß an die Schule zunächst einmal eine Arbeit aufnehmen, um schnell Geld zu verdienen. Zwar verfügen diese Jugendlichen über *unmittelbare "Arbeitspläne",* die allerdings nicht mit einer beruflichen Perspektive verbunden sind; mangels beruflicher Qualifikation können sie auf dem Arbeitsmarkt nur als Nachfrager nach un- und angelernten Tätigkeiten auftreten. Die im letzten Jahrzehnt verstärkt erfolgte Rationalisierung der Arbeitsprozesse hat u.a. die Abnahme von Arbeitsplätzen für unqualifizierte Beschäftigte und parallel dazu die Zunahme ungeschützter Arbeitsverhältnisse mit sich gebracht. (Kock 1990; Heidenreich 1990).

Die Chancen von Jugendlichen, die direkt nach Abschluß der allgemeinbildenden Schule arbeiten wollen, sind wegen ihrer fehlenden beruflichen Qualifikation wenig erfolgsversprechend und entsprechen kaum mehr den Anforderungen der heutigen Arbeitsgesellschaft. Zudem bleiben sie, wenn sie ihre Pläne nicht ändern, ohne Ausbildung und damit schließlich ohne Beruf.

Tabelle: Pläne nach Schulabschluß (n = 2372) in %

	Schulabsolventen Schulbesuch Bundesrepublik		Schulabsolventen nur Schulbesuch Herkunftsland		gesamt	
	w	m	w	m	w	m
Beruf erlernen	57,7	57,4	20,5	30,3	46,5	48,6
Geld verdienen	15,3	26,2	17,9	34,0	16,4	28,6
weiterführende Schule	7,5	3,8	6,9	2,1	7,3	3,3
Studium	10,5	7,6	22,5	21,6	14,2	12,4
keine Pläne	7,3	3,5	27,8	10,3	13,0	5,6
sonstiges	1,7	1,6	4,4	1,6	2,6	1,6
	100	100	100	100	100	100

Quelle: Bundesinstitut für Berufsbildung, Repräsentativerhebung 1988/89

Die Bildungsabschlüsse der Jugendlichen beeinflussen ihre beruflichen Pläne: Absolventen ohne Schulabschluß wollen häufiger gleich Geld verdienen, dies ist bei den Männern sehr stark ausgeprägt (m.: 61 % ; w.: 32 %) oder haben keine eigene berufliche Planung, dies findet sich bei jungen Frauen häufiger (w.: 19 %; m.: 7 %).

Die jungen Frauen ohne Abschluß haben deutlich seltener als die erfolgreichen Schulabsolventinnen vor, eine Ausbildung zu beginnen. Doch sind immerhin 40 % bereit sich schulisch oder beruflich zu qualifizieren, dabei beabsichtigt jede Dritte einen Beruf zu erlernen. Ihre Ausbildungsbereitschaft ist etwas höher als bei den jungen Männern ohne Abschluß (w.: 31 %; m.: 27 %).

Hauptschul- und Realschulabsolventinnen wollen überwiegend einen Beruf erlernen (64 % bzw. 76 %), Abiturientinnen ein Hochschulstudium aufnehmen

(76 %) - hierbei gibt es keine nennenswerten geschlechtsspezifischen Unterschiede.

Der Wunsch bzw. die Notwendigkeit, gleich nach der Schule Geld zu verdienen, sinkt mit steigendem Schulabschluß, ist bei den Männern aber stets stärker als bei den jungen Frauen.

Zwischen dem *Alter* bzw. dem *Einreisealter* und den beruflichen Plänen besteht ein signifikanter Zusammenhang: Je jünger die Migranten sind bzw. je früher sie eingereist sind, desto häufiger streben sie eine berufliche Ausbildung an und desto weniger sind sie an der sofortigen Aufnahme einer Erwerbstätigkeit interessiert. Dieser Zusammenhang gilt für Migrantinnen und Migranten, nur streben die jungen Männer aller Alters- und Einreisealterskategorien stärker als die Frauen danach, gleich Geld zu verdienen.

Jugendliche, die die Schule in der Bundesrepbulik abgeschlossen haben, haben je nach ihrer *Nationalität* recht unterschiedliche Vorstellungen für ihre berufliche Zukunft:

o Der Studienwunsch ist bei den Griechinnen am stärksten: Jede dritte Griechin möchte studieren (and. Nat.: 8 %). Dagegen wollen sie deutlich seltener (37 %) als die anderen Migrantinnen (60 %) einen Beruf erlernen. Die griechischen Männer haben zwar auch eine höhere Studienneigung als die Männer anderer Nationalität (G.: 14 %; and. Nat.: 7 %) - allerdings bei weitem nicht so ausgeprägt wie bei den Griechinnen.
o 60 % der türkischen Mädchen und 54 % der türkischen Jungen mit Schulabschluß wollen einen Beruf erlernen. *Die Absicht, sich beruflich zu qualifizieren, ist bei den jungen Frauen türkischer Herkunf (tendenziell) stärker als bei den türkischen Männern vorhanden* - diese möchten oder müssen zum Teil erst einmal Geld verdienen (29 %).

Die Schüler wurden ebenfalls nach ihren zukünftigen beruflichen Plänen befragt. 37 % möchten einen Beruf erlernen, 17 % eine weiterführende Schule besuchen und 28 % studieren. Lediglich 5 % wollen nach Abschluß der Schule sofort Geld verdienen und 11 % sind sich über ihre beruflichen Pläne noch im unklaren. Tendenziell haben Mädchen häufiger als Jungen Pläne, die mit einer beruflichen Qualifizierung verknüpft sind (w: 84 %, m: 79 %). Sie sind ebenso wie die männlichen Jugendlichen am Erlernen eines Berufes und stärker als diese an schulischer und universitärer Ausbildung interessiert.

Tabelle: Pläne von Schülern (n = 638) in %

	weiblich	männlich	insgesamt
Beruf erlernen	37,3	36,4	36,9
Geld verdienen	3,9	7,0	5,2
weiterführende Schule	19,2	15,2	17,4
Studium	28,7	26,9	27,9
keine Pläne	9,3	12,9	10,9
Sonstiges	1,6	1,7	1,6
	100	100	100

Quelle: Bundesinstitut für Berufsbildung, Repräsentativerhebung 1988/89

Im Vergleich zu den Migranten, die bereits die allgemeinbildende Schule in der Bundesrepublik abgeschlossen haben, verfügen die Schüler häufiger über weitreichende Bildungswünsche. Dies hängt damit zusammen, daß sie öfter weiterführende Schulen besuchen. Die Absicht, gleich nach der Schule Geld zu verdienen, ist deutlich zurückgegangen.

Rund die Hälfte der Haupt- bzw. Realschülerinnen möchte nach Schulabschluß einen Beruf erlernen (56 % bzw. 51 %). Von den Gymnasiastinnen geben drei Viertel an, ein Studium aufnehmen zu wollen. Einige Haupt- bzw. Realschülerinnen möchten studieren (6 % bzw. 9 %). Dies deutet auf eine sehr hohe Bildungsorientierung junger Migrantinnen hin, die ihre Perspektive auf ein Studium richten, trotz ihrer jetzigen Situation als Haupt- bzw. Realschüler. Ihre Bildungsmotivation drückt sich zusätzlich auch in ihrem Ziel, eine weiterführende Schule zu besuchen, aus (20 % bzw. 28 %). Das Ansehen akademischer Berufe und der Wunsch einen solchen auszuüben bzw. zu erlernen ist gerade bei jungen Ausländerinnen ausgesprochen hoch.

Die türkischen Schülerinnen haben genauso häufig wie die türkischen Schüler vor, einen Beruf zu erlernen, zu studieren bzw. eine weiterführende Schule zu besuchen (vgl. Tabelle 12 im Anhang). Im Verhältnis zu den Schülerinnen anderer Nationalität ist ihre Studienneigung deutlich niedriger (w.T.: 22 %; and.

Nat.: 37 %); da sie seltener als die anderen Schülerinnen auf ein Gymnasium gehen.[13]

Die Mehrheit, d.h. zwei Drittel der Migranten haben eigene Berufsvorstellungen, die mit der Perspektive einer beruflichen Qualifizierung verbunden sind.Die berufliche Planung steigt mit sinkendem Einreisealter. Sie liegt insgesamt höher bei Schülern im Vergleich zu Schulabsolventen. Migranten, die in der Bundesrepublik, nie eine Schule besucht haben, haben seltener und zum Teil andere berufliche Pläne entwickelt, die mit denen im Heimatland erworbenen Schulabschlüssen zusammenhängen. Gerade Migrantinnen werden durch den Schulbesuch in der Bundesrepbulik in der Entwicklung eigenständiger beruflicher Vorstellungen bestärkt, obwohl auch die Hälfte der späteingereisten Migrantinnen darüber verfügt.

Im Vergleich zu den männlichen Migranten haben die Migrantinnen ein höheres Schulabschlußniveau bzw. besuchen zur Zeit häufiger weiterführende Schulen. Dies drückt sich auch in ihrer beruflichen Planung aus: Sie streben (in der Tendenz) stärker nach schulischer bzw. unversitärer Ausbildung. Die Vorstellung unmittelbar nach Schulabschluß eine Arbeit zu suchen hat an Bedeutung verloren; die jungen Migranten, die noch zur Schule gehen, haben erkannt, daß dies keine geeignete Basis für den Berufseinstieg bietet. *Insgesamt sind die Migrantinnen und Migranten sehr an beruflicher Ausbildung interessiert.*

Die *Berufswahl* ist ein Prozeß, der bereits in der Schule beginnt. Als *Wunschberufe* nennen die Migrantinnen akademische Berufe, die vielfach eine hohe Qualifikationsdauer erfordern und Berufe mit hohem sozialen Ansehen wie Ärztin, Anwältin und auch Dolmetscherin oder Stewardeß (Bock, 1988, S. 94).

Die von den Mädchen als ihre *Traumberufe* dargestellten Berufe sind bezeichnend für ihre Wunschvorstellungen und ihre hohen beruflichen Erwartungen.

Erst im Prozeß der Berufswahl und durch die Auseinandersetzung mit dem bundesrepublikanischen Schul- und Hochschulsystem bzw. mit dem Ausbildungsstellen- und Arbeitsmarkt werden ihnen die Möglichkeiten, die ihnen die Aufnahmegesellschaft als Hauptschulabsolventin bzw. als Abgängerin ohne

---

13 Wegen zu geringer Fallzahlen werden die anderen Nationalitäten nicht untereinander differenziert sondern zusammengefaßt.

Abschluß einer deutschen Schule bietet, bewußt. Im Laufe dieses Prozesses verändern sie ihre Berufswünsche und passen ihre Erwartungen an. Dabei engt sich ihr Berufswunschspektrum auf wenige von ihnen für geeignet und realisierbar gehaltene Ausbildungsberufe wie Arzthelferin, Friseurin, Bürogehilfin etc. ein (Bock 1988, S. 88-95; Granato 1992 b). Eine ähnliche Entwicklung der Berufsvorstellungen, die erst ein weites Spektrum an Berufen beinhaltet und sich dann in den letzten zwei Schuljahren auf wenige konkrete Berufe einschränkt, findet bei deutschen Hauptschülerinnen statt (Krüger/Heinz, 1985 in Bock 1988, S. 95).

Die Bildungsvorstellungen der Eltern der jungen Migranten richten sich ebenfalls auf gesellschaftlich anerkannte Berufe. Die Eltern verfügen über eine hohe Bildungsmotivation hinsichtlich ihrer *Söhne und Töchter*. Die Wunschvorstellungen der Eltern konzentrieren sich darauf, daß ihre Kinder akademische Berufsziele realisieren sollen. (Boos-Nünning, 1989, 26 f, S. 66 ff). Sie gehen überwiegend von der Vorstellung aus, daß schulische Bildung, d.h. der langandauernde Besuch einer Schule (bereits) berufliche Qualifikation vermittelt. Die Eltern orientieren sich an allgemeinen Kriterien hinsichtlich der Berufswahl für ihre Kinder wie

- o Ansehen des Berufes für die Familie,
- o Verwertbarkeit bei der möglichen Rückkehr ins Heimatland,
- o eine Tätigkeit, die spezielle Fähigkeiten und theoretische Kenntnisse verlangt, über die nicht jeder einfach verfügt,
- o eine selbständige Tätigkeit (Boos-Nünning, 1989, S. 26 f).

Zu den allgemeinen Grundsätzen für Töchter und Söhne gibt es noch eine Reihe von Kriterien, die speziell für die Mädchen gelten, u.a.:

- o Der Beruf soll eine Tätigkeit umfassen, die (physisch) leicht und einfach auszuführen ist.
- o Es soll ein "sauberer" Beruf sein. Dies gilt sowohl auf physischer wie auf moralischer Ebene. Außerdem darf der Beruf keine als unweiblich eingeschätzten Tätigkeiten mit sich bringen.

(Boos-Nünning, 1989, S. 66 ff; Bock, 1988, S. 96).

Die vorliegende Befragung zeigt , daß die Kriterien, die die Migranten selbst an ihre Berufswahl anlegen, auch andere Aspekte beeinhalten: Für alle Befragten ist es mit Abstand am wichtigsten, daß ihr zukünftiger Beruf ihnen *Spaß* macht.

Zwei Drittel der jungen Frauen und 57 % der Männer geben dies als wichtigstes Kriterium ihrer Berufswahl an. Der Beruf macht dann am meisten Spaß, wenn er den eigenen Fähigkeiten entspricht. Etwa die Hälfte der Befragten nennt daher die *Eignung* als weiteres sehr wichtiges Kriterium ihrer Berufswahl, die jungen Frauen in der Tendenz häufiger als die jungen Männer.

Materielle Kriterien, wie ein möglichst *hoher Verdienst*, ein *sicherer Arbeitsplatz* und *gute Aufstiegschancen* folgen erst danach in der Skala der als bedeutsam erachteten Gründe.

Für (knapp) die Hälfte der jungen Männer ist ein möglichst *hoher Verdienst* ein sehr wichtiges Kriterium der Berufswahl - nicht so für die jungen Frauen: ein hohes Einkommen rangiert erst auf Platz 12 der relevanten Kriterien. Die Unterschiede sind hochsignifikant. Die jungen Männer antizipieren bei der Berufswahl die ihnen zugedachte Rolle als Familienernährer. Auch bei jungen Deutschen sind die männlichen Befragten signifikant häufiger an einem hohen Verdienst interessiert als die jungen Frauen. *Die unterschiedlichen Wertvorstellungen der jungen Frauen und Männer sind nicht migrationsspezifisch, d.h. typisch für eine bestimmte Minorität in unserer Gesellschaft, sondern sie sind offensichtlich Ausdruck der noch immer in unserer Gesellschaft vorhandenen geschlechtsspezifischen Rollenverteilung* (Hecker, 1989, S. 44, Schweikert 1989, S. 24.).

Sicherheit des Arbeitsplatzes sowie Aufstiegschancen spielen für beide Geschlechter eine wichtige Rolle. Die jungen Migrantinnen sind fast ebenso wie die männlichen Migranten *aufstiegsorientiert*, im Gegensatz zu jungen deutschen Frauen in Ausbildung, die deutlich weniger als die männlichen Auszubildenden die Aufstiegsmöglichkeiten als sehr wichtiges Merkmal ihrer Berufswahl ansehen. (Schweikert 1989, S. 24). Hier durchbrechen die Migrantinnen traditionelle Rollenvorstellungen, die bei jungen deutschen Frauen durchaus noch vorhanden sind.

Die soziale Orientierung junger Frauen findet sich auch bei der Berufswahl der jungen Migrantinnen wieder: signifikant häufiger als die männlichen Migranten halten sie *"anderen Menschen helfen"* für einen äußerst wichtigen Gesichtspunkt bei ihrer Berufswahl. (vgl. auch Hecker 1989, S. 44 f).

Die Verwendung *moderner Maschinen* halten Frauen, ob deutsche oder Migrantinnen für weit weniger wichtig als Männer. Für jeden dritten Befragten ist das *Ansehen des Berufes* (in der Bundesrepublik) entscheidend für die berufliche Orientierung. Für die Migranten ist dieses Kriterium weitaus bedeutsamer als für die jungen Deutschen, sie nennen es doppelt so häufig; hierin äußert sich der Wunsch nach Anerkennung durch das soziale Ansehen des Berufes für die Migranten der zweiten Generation, die sich ihrer bisher marginalisierten Rolle in der Gesellschaft durchaus bewußt sind (ausländ. Azubis 36 %; deutsche Azubis 15 %, Tabelle 13 im Anhang; Hecker 1989, S. 44f).

Die *Möglichkeit den Beruf in der Bundesrepublik* und im Heimatland auszuüben, ist für über 40 % der Migranten ein sehr wichtiger Punkt ihrer beruflichen Orientierung: bei jungen Frauen rangiert er auf Platz 3, bei den Männern auf Platz 4 der Rangskala. Das *Ansehen des Berufs im Heimatland* ist für ein Drittel der Befragten sehr relevant - für genauso viele ist es das *Ansehen des Berufs in der Bundesrepublik.* Ansehen des Berufs im Herkunftsland und insbesondere die doppelte Verwertbarkeit haben in der beruflichen Orientierung der Migranten ein gewisses Gewicht, rangieren jedoch bei weitem nicht an vorderster Stelle der Nennungen und haben nicht die herausragende Bedeutung, die ihnen bislang oftmals beigemessen wurde. Es ist nur eines unter mehreren verwendeten Gesichtspunkten. Zudem hat die Analyse der vorliegenden Daten ergeben, daß die Frage des zukünftigen Aufenthaltslandes keinen nachhaltigen Einfluß auf die Berufswahlkriterien der jungen Migranten ausübt (Granato 1991, S. 27 ff). Die Kriterien für eine berufliche Tätigkeit sowie die berufliche Planung selbst sind - statistisch gesehen - unabhängig von der jeweiligen Zukunftsorientierung der jungen Menschen, d.h. unabhängig davon, ob sie ihr Leben hier verbringen wollen oder ob sie beabsichtigen, in ihr Heimatland zurückzukehren.

Bei ihrer beruflichen Planung berücksichtigen die jungen Migrantinnen und männlichen Migranten eine Vielzahl von Kriterien. Berufswahl stellt sich als komplexer Entscheidungsprozeß dar, bei welchem viele Überlegungen und Wünsche mit einbezogen werden. Doppelte Verwertbarkeit und Ansehen des Berufes im Heimatland sind nachgeordnete Gesichtspunkte gegenüber Spaß und Eignung. Es geht den jungen Migranten vorrangig darum, einen Beruf zu finden, der den eigenen Wünschen und Fähigkeiten entspricht: hierin gleichen sie jungen Deutschen. Wie deutsche Jugendliche, so schätzen auch Jugendliche aus Migrantenfamilien, persönliche Sinnkriterien, die sie an ihre zukünftige Berufsarbeit anlegen, sehr hoch ein, höher als Reproduktionsaspekte. In ihrem

Wunsch, subjektive Sinnentfaltung in ihrer beruflichen Tätigkeit zu realisieren, ähneln sie deutschen Jugendlichen. Durch die Individualisierung ihres Arbeitsverständnisses partizipieren die jungen Migranten an den sich verändernden Wertvorstellungen der Aufnahmegesellschaft (vgl. Baethge 1991).

Übersicht: Sehr wichtige Gründe bei Berufswahl (n = 3192) in %

	weiblich	männlich
Spaß	65	57
Eignung	56	53
viel Geld	29	49
sicherer Arbeitsplatz	38	41
Aufstieg	36	38
Beruf ausübbar in BRD und Herkunftsland	42	41
sauberer Arbeitsplatz	40	27
Beruf in BRD angesehen	32	32
iteressante Menschen kennenlernen	37	28
Beruf im Herkunftsland angesehen	31	31
überhaupt Ausbildungsplatz	33	32
anderen Helfen	32	19
Hobbys verwirklichen	28	25
moderne Maschinen	12	23
hohe Ausbildungsvergütung	13	18
reisen können	18	13

Quelle: Bundesinstitut für Berufsbildung, Repräsentativerhebung 1988/89

Die Familie der Migranten wird oftmals als die handlungs- und entscheidungsrelevante Einheit in der Migration dargestellt, wobei die wichtigen Entscheidungen - und dazu gehören Fragen der beruflichen Planung - familienbezogen und nicht individuell getroffen werden. Festzustellen ist, daß der Einfluß der Eltern auf die Berufswahl der Jugendlichen ausländischer Herkunft - nach ihren eigenen Aussagen - größer ist als bei jungen Deutschen. Sowohl der Vater als auch die Mutter haben bei der beruflichen Orientierung ihrer Kinder einen größeren Einfuß als deutsche Eltern.

Der Vater hat bei Jungen und Mädchen einen größeren Einfluß als die Mutter, auch wenn der Unterschied bei den Mädchen geringer ist.

Geschwister und *andere Verwandte* hatten bei rund jedem zehnten Befragten unabhängig vom Geschlecht eine Bedeutung im Prozeß der Berufswahl. Deutlich mehr männliche Befragte, die nur im Herkunftsland zur Schule gegangen waren, räumten diesen Personengruppen einen Einfluß ein.

Deutsche und ausländische Freunde sind bei rund 8 % aller Migranten in ihre Berufswahl involviert - weitgehend unabhängig vom Geschlecht.

Die *Lehrer* früherer Schulen haben bei der beruflichen Entscheidung der jungen Frauen ein größeres Gewicht als bei ihren männlichen Altersgenossen.

Der Einfluß der *Berater des Arbeitsamtes* bzw. der Berufsinformationszentren wurde je nach Land des Schulbesuchs unterschiedlich eingeschätzt: Jede fünfte Migrantin, die in der Bundesrepublik die Schule besucht hat, bezeichnete den Einfluß groß. Diejenigen, die nur im Herkunftsland in der Schule waren haben sich seltener im Arbeitsamt beraten lassen und von daher hatte der Berufsberater einen geringeren Einfluß auf ihre Berufswahl, dies gilt besonders für die jungen Frauen (w.:6 %; m.: 12 %). 30 % der Auszubildenden sind der Ansicht, die Berater des Arbeitsamtes hätten einen großen Einfluß auf ihre Berufswahl ausgeübt.

Das *Betriebspraktikum* war für 10 % der Migranten, die hier die Schule besucht und ein solches Praktikum absolviert haben, wichtig. Bei den Auszubildenden räumte jeder Fünfte dem Betriebspraktikum einen wichtigen Platz bei seiner Berufsfindung ein.

Tabelle: Einfluß auf Entscheidung bei der Berufswahl in %

	alle Schulabsolventen (n = 2260) w	m	Schulabsolventen mit Schulbesuch BRD (n = 1551) w	m
Vater	39,7	45,9	40,1	51,3
Mutter	33,4	24,2	34,1	27,3
Lehrer	18,2	13,6	20,1	16,0
Berufsberater Arbeitsamt	14,6	14,9	19,2	19,0
Geschwister	10,2	11,2	10,0	11,1
andere Verwandte	7,7	11,1	7,3	10,2
ausl. Freunde	7,8	9,4	9,5	10,2
deutsche Freunde	7,4	7,5	8,8	9,9
Betriebspraktikum	7,8	7,3	10,9	9,9

Quelle: Bundesinstitut für Berufsbildung, Repräsentativerhebung 1988/89

Um den Einfluß der verschiedenen Faktoren auf die Berufswahl der Migranten mit dem deutscher Jugendlicher vergleichen zu können, werden im folgenden Abschnitt *deutsche und ausländische Auszubildende* gegenübergestellt, da die deutschen Auszubildenden Thema einer vergleichbaren Untersuchung Mitte der 80er Jahre waren (Hecker 1989; Schweikert 1989; vgl. Tab. 14 im Anhang).

- o Auch bei den Auszubildenden ist der Einfluß der ausländischen Eltern auf die Berufsfindung ihrer Kinder größer als dies bei deutschen Familien der Fall ist. Dies gilt für Söhne und Töchter gleichermaßen: 46 % der ausländischen Auszubildenden sind der Ansicht, der Vater, bzw. 32 % die Mutter habe auf ihre Berufsfindung einen großen Einfluß gehabt. Bei den deutschen Auszubildenden sind es 25 % beim väterlichen und 22 % beim mütterlichen Einfluß (Hecker 1989, S. 51). Deutsche Frauen in Ausbildung wurden mehr von ihrer Mutter beeinflußt - bei den Migrantinnen in Ausbildung kam diese Funktion Vater und Mutter zu.

- o Bei Migranten hatten Personen aus dem eigenen persönlichen Umfeld bzw. dem der Familie eine größere Bedeutung bei ihrer Berufsentscheidung als bei deutschen Jugendlichen, bei denen weitere Familienangehörige und Freunde nur eine marginale Rolle spielten.
- o 23 % der ausländischen Auszubildenden und nur 3 % der deutschen Lehrlinge geben an, daß der Lehrer der früheren Schule bei ihrer Entscheidung von Bedeutung gewesen sei. Das hohe Ansehen des Lehrers und der Institution Schule, die in den Herkunftsländern noch ein großes Vertrauen genießen, kommt hierbei zum Ausdruck.
- o Ebenso billigen 30 % der ausländischen aber nur 8 % der deutschen Auszubildenden der Berufsberatung eine große Wichtigkeit bei.
- o Das Betriebspraktikum schätzt jeder fünfte Auszubildende unabhängig von Staatszugehörigkeit und Geschlecht für bedeutsam ein.

Die Migranten stellen den Einfluß, den sie durch andere Personen bei ihrer Berufswahl erfahren stärker dar bzw. nehmen ihn deutlicher wahr oder messen ihm eine größer Bedeutung bei als deutsche Jugendlichen. Nur bei der Bedeutung des Betriebspraktikums ist man sich über die Nationalitätengrenzen hinaus einig. Sowohl die Eltern wie auch die übrige Familie besitzen eine bedeutende Orientierungsfunktion für den Berufswahlprozeß der jungen Migranten. Zusätzlich, und mehr als junge Deutsche, orientieren sie sich dann an Personen, die sie für kompetent halten, die beruflich mit Bildung bzw. Ausbildung, Beratung und Weitergabe von Informationen beschäftigt sind. Einen dritten Kreis bilden die Personen des Umfeldes. Die im Praktikum erfahrene betriebliche Realität ist insbesondere für die ausländischen Auszubildenden ein Faktor ihrer Orientierung.

3.3 Ausbildungschancen

Während sich die bisherige Analyse eher auf der Ebene der Wertvorstellungen, Pläne und Wünsche der Jugendlichen bewegte, geht der folgende Abschnitt der Frage nach, wie sie ihre Vorstellungen in konkretes Handeln umgesetzt haben. Die Analyse konzentriert sich nun auf diejenigen, die nach der Schule in eine berufliche Ausbildung einmünden wollten.

Die Informiertheit über Wege und Möglichkeiten einer Ausbildung bildet eine wichtige Voraussetzung, um die eigenen Pläne in die Realität umzusetzen. Eine Möglichkeit hierzu bieten die Berufsberater beim Arbeitsamt und die

Berufsinformationszentren (BIZ). Die Hälfte der Migranten war entweder beim BIZ oder hat an einer Einzelberatung des Arbeitsamts teilgenommen.

Jugendliche, die die Schule hier besucht haben, waren doppelt so häufig bei einer Einzelberatung bzw. beim BIZ als diejenigen, die nur im Herkunftsland auf eine Schule gegangen sind.

- o 20 % der Schulabsolventinnen aus dem Herkunftsland und 34 % der männlichen Schulabsolventen haben sich über Einzelberatung oder BIZ informiert. Besonders die jungen Frauen hatten bei ihrer Einreise zum Teil andere berufliche oder private Pläne. Jede fünfte Migrantin bzw. jeder dritte männliche Migrant aus dieser Gruppe gibt an, gleich eine Arbeit oder eine Ausbildung gefunden zu haben, 10 % haben ein Studium begonnen. Ca. 10 % wußten, was sie wollten, während 22 % eine solche Beratung für überflüssig hielten und 12 % keine Kenntnis von dieser Möglichkeit hatten. Die späteingereisten Frauen haben selten das Beratungsangebot genutzt, sie sind zum Teil mit Zielen wie Studium oder Heirat nach Deutschland gekommen, die eine andere Handlungskompetenz erfordern.
- o 45 % der Absolventen, die hier zur Schule gegangen sind, haben an einer Einzelberatung teilgenommen. Ca. 16 % waren beim BIZ. Die Hälfte der Haupt- und Realschülerinnen war bei einer Beratung, die Abgängerinnen ohne Abschluß gingen seltener dorthin (44 %).
- o Die jungen *Türkinnen* haben sich signifikant häufiger als die Migrantinnen anderer Nationalität im Arbeitsamt beraten lassen (T.: 41 %; and. Nat.: 31 %). Für die männlichen Jugendlichen gilt: Spanier und Türken haben das Beratungsangebot des Arbeitsamtes vergleichsweise häufig genutzt (T.: 44 %; S.: 58 %; and. Nat.: 31 %).
- o Das *Einreisealter* hat ebenfalls einen signifikanten Einfluß auf die Nutzung der Beratungsmöglichkeiten: Je früher die Befragten eingereist sind, desto häufiger haben sie eine Beratung des Arbeitsamtes in Anspruch genommen. Dies gilt für Migrantinnen und männliche Migranten.
- o In diesem Zusammenhang ist auch das *Lebensalter* zu betrachten. Die Hälfte der 15- bis 18jährigen Jugendlichen hat das Angebot genutzt (15 - 18 J. w.:52 %; m.: 55 %). Je älter die Migranten sind, desto seltener haben sie an einer Beratung teilgenommen. Die 22- bis 30jährigen Frauen zudem tendenziell weniger als die Männer dieser Altersgruppe.

Schulbesuch und längerer Aufenthalt in der Bundesrepublik fördern bei den Migranten die Inanspruchnahme der Beratungsmöglichkeiten: durch ihren Aufenthalt und den Schulbesuch in der Bundesrepublik sind sie mit den Beratungsinstitutionen vertrauter. Migrantinnen, die die Schule in der Bundesrepublik besucht haben, haben gezeigt, daß sie die Informationsmöglichkeiten, die ihnen die Aufnahmegesellschaft anbietet, wahrnehmen und entsprechend nutzen können. Sie haben diesbezüglich ihre Handlungsfähigkeit dargelegt. Zudem haben sie dabei weitere Kompetenz für die Umsetzung ihrer beruflichen Pläne erworben. Gerade die Migrantinnen türkischer Herkunft haben das bestehende Beratungsangebot besonders häufig genutzt. Trotz ihrer geringeren schulischen Vorbildung haben sie an der ersten Schwelle nicht resigniert. Gerade deswegen brauchen sie eine besondere Unterstützung durch das Arbeitsamt.

Tabelle: Berufsberatung und Berufsinformation

	alle Schulabsolventen		Schulabsolventen Schulbesuch BRD		Schulabsolventen nur Schulbesuch Herkunftsland	
	w	m	w	m	w	m
Einzelberatung	36,2	39,4	44,8	45,7	15,9	28,0
Berufsinformationszentrum	12,6	12,7	16,3	15,6	4,4	6,2
nein	51,2	47,9	38,8	38,7	79,7	65,8
	100	100	100	100	100	100

Quelle: Bundesinstitut für Berufsbildung, Repräsentativerhebung 1988/89

Die Eltern der Migranten wurden nach ihrer eigenen Informiertheit über berufliche Qualifizierungsmöglichkeiten in der Bundesrepublik befragt. Zwei Drittel der Mütter und die Hälfte der Väter sind nach eigenen Angaben schlecht oder überhaupt nicht über die Ausbildungs- und Berufsmöglichkeiten in der Bundesrepublik informiert. Die Quellen, die die Eltern verwendet haben, sind unterschiedlich: Die Mütter erhielten Informationen von den eigenen Kindern (25 %) und aus den Medien (21 %), während die Väter die Medien (26 %) und das Arbeitsamt (18 %) als wichtigste Informationsquelle nutzten. Freunde und Arbeitskollegen haben bei den Müttern eine nachgeordnete Bedeutung für Informationen über das berufliche System der Bundesrepublik (Arbeitskollegen M.: 9 %; V.: 13 %; ausl. Freunde M.: 13 %; V.: 16 %).

Die Eltern wurden auch gefragt, ob sie ihre Kinder in beruflichen Fragen beraten haben. Die Hälfte der Mütter gibt an, Tochter bzw. Sohn beraten zu haben, bei den Vätern sind es ca. 70 %, die eine Beratungsfunktion ausgeübt haben. Die große Zahl der Väter und Mütter, die mit ihren Söhnen und Töchtern ein beratendes Gespräch über den beruflichen Werdegang ihrer Kinder geführt haben, zeigt die große Bedeutung, die die Eltern der beruflichen Entwicklung ihrer Kinder - Söhne wie Töchter - beimessen: gerade im Prozeß der Berufswahl ist die emotionale Hinwendung und Aufmerksamkeit der Eltern für die Jugendlichen von großer Bedeutung. Zudem können die Eltern, auch wenn viele angeben ungenügend über die Ausbildungsmöglichkeiten in Deutschland informiert zu sein, die Kenntnisse der Jugendlichen mit ihnen diskutieren und vor ihrem eigenen Erfahrungshintergrund als Arbeiter und Arbeiterinnen bzw. als Angestellte in deutschen Betrieben entsprechend reflektieren. Andere Untersuchungen haben die Wichtigkeit einer solchen Unterstützung aufgezeigt. Zudem hat es sich herausgestellt, daß es hierbei geschlechtsspezifische Unterschiede gibt. Während die Mädchen bei der Suche nach einer Ausbildungsstelle *emotionale Unterstützung* von den Eltern erhielten, konnten diese ihnen jedoch kaum die erwarteten Orientierungshilfen bieten. Den männlichen Jugendlichen wurde eine solche Unterstützung dagegen nicht zuteil. (Beer 1988, S. 45)

Tabelle: Eltern: Beratung der Eltern für Töchter bzw. Sohn - Beratung ja - in %

	Töchter (n = 325)	Söhne (n = 403)
Mütter	69,8	73,8
Väter	49,6	47,7

Quelle: Bundesinstitut für Berufsbildung, Repräsentativerhebung 1988/89

Während Befragungen aus den 80er Jahren den Rückstand der jungen Ausländerinen darlegen konnten - damals bewarben sich die jungen Frauen seltener als die männlichen Jugendlichen für eine Ausbildungsstelle - hat sich das innerhalb von wenigen Jahren grundlegend verändert (vgl. König u.a. 1986, S. 64):

1989 haben rund 40 % der befragten Migrantinnen nach einem Ausbildungsplatz gesucht: Die jungen Frauen haben sich genauso häufig wie die jungen

Männer um eine Lehrstelle bemüht, diejenigen, die die Schule in der Bundesrepublik besucht haben, wesentlich häufiger, als die die nur im Herkunfsland in der Schule waren.

Der Schulbesuch stärkt die Handlungsfähigkeit der jungen Frauen und sie unternehmen konsequent konkrete Schritte, um ihre beruflichen Ziele in die Tat umzusetzen: 90 % der Migrantinnen, die nach der Schule einen Beruf erlernen wollten, haben sich tatsächlich um eine Ausbildungsstelle bemüht.
Gerade die jungen Türkinnen haben sich relativ häufig um eine Ausbildung bemüht und waren bei ihren Anstrengungen, ihren Wunsch nach Ausbildung umzusetzen, am konsequentesten (w.T.: 89 %; w.I.: 83 %; w.J.: 82 %).

Tabelle: Ausbildungsplatzsuche: ja; in %

Schulabsolventen: Schulbesuch BRD		Schulabsolventen: nur Schulbesuch Herkunftsland	
w	m	w	m
53,2	54,5	15,8	21,6

Quelle: Bundesinstitut für Berufsbildung, Repräsentativerhebung 1988/89

Je früher die Jugendlichen eingereist sind bzw. je jünger sie zum Befragungszeitpunkt waren, desto häufiger haben sie sich beworben. Geschlechtsspezifische Unterschiede bestehen diesbezüglich nicht.

Tabelle: Ausbildungsplatzsuche: ja. nach Staatsangehörigkeit (n = 2373) in %

Staatsangehörigkeit	w	m
griechisch	37,4	42,2
italienisch	36,8	45,0
jugoslawisch	40,3	41,2
portugiesisch	38,6	48,0
spanisch	53,0	54,4
türkisch	44,1	42,4
gesamt	41,8	43,4

Quelle: Bundesinstitut für Berufsbildung, Repräsentativerhebung 1988/89

Realschulabsolventinnen haben sich häufiger um einen Ausbildungsplatz bemüht (71 %) als Hauptschulabgängerinnen (59 %) - bei den männlichen Jugendlichen ist ein solcher Unterschied nicht zu erkennen (RS.: 63 %; HS.: 67 %). Einige Frauen ohne Abschluß (17 %) haben einen Ausbildungsplatz gesucht - deutlich seltener als die männlichen Befragten ohne Abschluß (28 %). Dies liegt allerdings nicht an ihrer mangelnden Kompetenz: junge Frauen *ohne Schulabschluß* haben sich deutlich häufiger als diejenigen mit Abschluß davon abbringen lassen, eine Ausbildung zu machen: Die Hälfte von ihnen hat ihre Pespektive, eine Ausbildung zu beginnen, aufgegeben und sich erst gar nicht um eine Lehrstelle bemüht, im Gegensatz zu den Hauptschul- bzw. Realschulabsolventinnen, wo (über) 90 % ihren beruflichen Plan durchführen wollten. Die jungen Frauen ohne Abschluß haben offenbar *ihre Chancenlosigkeit antizipiert* und erst gar nicht versucht, einen Ausbildungsplatz zu bekommen. Die männlichen Jugendlichen ohne Abschluß wurden durch ihren mangelnden Schulerfolg nicht demotiviert: Alle die eine Ausbildung machen wollten, haben sich auch beworben.

Im Zehnjahresvergleich haben die Migranten ihre Bemühungen um eine Ausbildung erheblich intensiviert: Bewarben sich die Befragten 1979 für durchschnittlich drei Ausbildungsplätze, so haben sie sich 1989 im Schnitt achtmal beworben (ausführlich Schweikert 1993, Kap. 3.1). Trotz der globalen

Entspannung auf dem Ausbildungsmarkt hat sich die Bewerbungshäufigkeit der Jugendlichen aus Migrantenfamilien verdreifacht und dem Bewerbungsverhalten deutscher Jugendlicher angenähert (Hecker 1989, S. 41 f).

Die jungen Frauen haben sich im Schnitt auf 7,1 Ausbildungsstellen beworben (m.: 7,9) und sie haben rund 3,5 Monate einen Ausbildungsplatz gesucht. Die Tendenz geht dahin, daß junge Migrantinnen sich genauso häufig bewerben wie die jungen Männer, die Suche allerdings im Durchschnitt einen Monat weniger Zeit in Anspruch nimmt (m.: 4,6 Monate), was mit ihrer besseren schulischen Vorbildung zusammenhängt.

- o Von allen Migranntinnen haben sich die Italienerinnen und Türkinnen tendenziell am häufigsten beworben.
- o Im Durchschnitt haben sich die Italienerinnen um eine Lehrstelle mehr als die italienischen Männer bemüht (w.: 7,5; m.: 6,4).
- o Bei den Migranten türkischer Herkunft ist es umgekehrt: Die Männer haben zwei Bewerbungen mehr als die jungen Frauen verschickt (w.: 7,5; m.: 9,3; Schweikert 1993, Kap. 3.1) und sie haben länger als die Türkinnen nach einem Ausbildungsplatz gesucht (w.: 3,3; m.: 5,5 Monate).

Die Migranten waren bei ihre Suche nach einer Ausbildungsstelle (quantitativ) genauso erfolgreich wie die jungen Männer: *82 % erhielten eine Zusage für einen Ausbildungsplatz.* Zwei Drittel der Migranten erhielt die Zusage für **einen** Ausbildungsplatz. Um eine Zusage zu erhalten, haben die jungen Frauen 4,5 Bewerbungen abgeschickt (m.: 4,8; Schweikert 1993, Kap. 3.1). Die jungen Türkinnen liegen im Durchschnitt aller Nationalitäten hinsichtlich der Anzahl der Bewerbungen pro Zusage; die türksichen Männer hatten erst später, nach 5,1 Bewerbungen den entsprechenden Erfolg.

- o Migrantinnen türkischer Herkunft haben fast so häufig wie die anderen Migrantinnen eine Ausbildungsstelle erhalten, allerdings liegen sie unter dem Durchschnitt der Zusagen für junge Frauen (Zusage T.: 80 %; I.: 84 %; J.: 93 %).

Schulabschluß bzw. Art des Abschlusses sind wichtig bei im Zugang zu einer Ausbildungsstelle: Schulabgänger ohne Abschluß hatten viel seltener als Hauptschul- bzw. Realschulabsolventen Erfolg bei ihrer Suche - das gilt für Migrantinnen genauso wie für männliche Migranten (Zusage w.:HSab.: 84 %; RSab.: 89 %, o. Ab.: 56 %).

Der Ausbildungsstellenmarkt ist auch weiterhin geschlechtsspezifisch segmentiert: Je nach Geschlecht existieren noch immer verschiedene Teil-Ausbildungsmärkte (Leve 1992, S. 255). Bei ihrer Suche nach einer betrieblichen Ausbildung orientieren sich junge Frauen in der Bundesrepbulik am vorhandenen Angebot. Die mangelnden Alternativen aufgrund eines eingeengten Ausbildungsplatzangebotes tragen zu einer hohen Konzentration weiblicher Nachfrage nach bestimmten Berufen bei. Die Berufswahl junger Frauen lehnt sich zwar an rollen- und geschlechtsspezifischen Vorstellungen an, jedoch führen diese nicht automatisch zu einer Einengung auf wenige Berufe (Schiermann 1990, S. 19).

Die Bemühungen, Frauen in gewerblich-technischen Berufen auszubilden haben zu verschiedenen Resultaten geführt:

- o Die Prüfungsergebnisse zeigen, daß die Leistungsfähigkeit der weiblichen Auszubildenden dem der jungen Männer gleicht. Der Ausbildungserfolg der jungen Frauen beweist, daß auf fachlicher Ebene keine Hindernisse bestehen.
- o Langwieriger sind dagegen Vorurteilsstrukturen zu beheben, die sich auf die "typischen" Frauen- bzw. Männerberufe mit ihren jeweiligen Attributen wie Technikkompetenz etc. beziehen. Solche geschlechtsspezifische Stereotypen finden sich zwar auch bei jungen Frauen und Männern, aber vor allem bei den für gewerblich-technische Ausbildung Verantwortlichen und den Personen mit Multiplikatorfunktion.
- o Junge Frauen, die ihre Ausbildung in einem technisch-gewerblichen Beruf erfolgreich abgeschlossen hatten, haben danach größere Berufsstartprobleme als die jungen Männer und sind stärker von Arbeitslosigkeit bedroht (Schlüter, Weinbach 1989).

Trotz dieser Versuche, die Ausbildungsbeteiligung von Frauen in technisch-gewerblichen Berufen zu steigern, ist der Erfolg sehr gering: Der Anteil der weiblichen Auszubildenden in männerdominierten Berufen ist auch weiterhin marginal (1990: 9 %, Leve 1992, S. 255).

Die geschlechtsspezifische Segmentierung des bundesdeutschen Arbeits- und Ausbildungsstellenmarktes wirkt sich auch auf die berufliche Qualifizierung der jungen Migrantinnen aus: Wie bei deutschen Jugendlichen konzentriert sich die Suche nach einem betrieblichen Ausbildungsplatz auf Berufe des Dienstleistungsbereichs, bei den Männern hingegen auf den der Fertigungsberufe (jeweils 80 %).

Die Migrantinnen und männliche Migranten bewarben sich für folgende Ausbildungsberufe:

Frauen			Männer	
. Friseurin	23,4		. KFZ-Mechaniker	19,1
. Arzthelferin	9,5		. Schlosser	7,5
. Krankenschwester	8,2		. Elektroinstallateur	7,4
. Verkäufer	7,8		. Maler und Lackierer	4,8
. Bürofachkraft	6,2		. Maschinenschlosser	4,3

Quelle: Bundesinstitut für Berufsbildung, Repräsentativerhebung 1988/89

Die Konzentration auf die fünf am häufigsten gesuchten Ausbildungsberufe ist bei den Migrantinnen höher als bei den Männern. Hierin gleicht sich das Bewerbungsverhalten deutscher und ausländischer Mädchen (Granato 1992 b).

Die Ausbildungswünsche der jungen Ausländerinnen haben sich seit Mitte der 80er Jahre verändert. Migrantinnen, die sich *1989 beim Arbeitsamt um einen Ausbildungsplatz bemühten,* wollten deutlich seltener Friseurin und Verkäuferin werden. Gewachsen ist ihr Interesse an kaufmännischen Berufen sowie an nichtärztlichen Gesundheitsberufen. Die hohe Konzentration auf wenige Berufe läßt etwas nach. Das Berufswahlverhalten der deutschen und ausländischen Mädchen hat sich im Vergleichszeitraum z.T. angenähert: Sie zeigen alle ein steigendes Interesse an aussichtsreichen Berufen aus dem kaufmännischen Bereich. Bei den Arzthelferinnen ist die Entwicklung allerdings unterschiedlich: Während die Nachfrage der Migrantinnen nach diesem Ausbildungsberuf steigt, sinkt er bei den deutschen Frauen tendenziell (Granato 1992 b, S. 4f).

Die vorliegenden Daten zeigen: Sehr wenige junge Migrantinnen haben sich um einen männerdominierten Ausbildungsberuf im gewerblich-technischen Sektor beworben: 3 % wollten eine metallverarbeitenden Beruf erlernen. Sie stießen dort jedoch auf große Ablehnung, denn nur jede fünfte (von den 3 %) wurde von einem Betrieb als Auszubildende eingestellt.

Die jungen Frauen konnten vergleichsweise häufig ihren Ausbildungswunsch als Friseurin (77 %) und in den einfachen Büroberufen (Bürogehilfin) realisieren. Für diese Berufe interessierten sich deutsche Schulabsolventinnen seltener. Die Umsetzung des von ihnen angestrebten Ausbildungsberufs gelang den jungen Migrantinnen in solchen Bereichen und Berufen, in denen sie nicht direkt mit deutschen Ausbildungsplatzbewerberinnen konkurrieren, häufiger. Überwiegend sind es Ausbildungsberufe, aus denen sich junge Deutsche aus mangelndem Interesse wegen geringer Berufschancen bzw. schlechter Arbeitsbedingungen zurückgezogen haben und in denen die Anforderungen an die schulische Vorbildung geringer sind.

Von den Migrantinnen, die sich auf einen *nichtärztlichen Gesundheitsberuf* beworben hatten, erhielten 62 % einen Ausbildungsplatz. Über ein Drittel ging leer aus.

In kaufmännischen Berufen wie im Gesundheitsbereich konkurrieren sie mit schulisch besser vorgebildeten deutschen Schulabgängerinnen: Gerade bei den freien Berufen wie Arzt-, Zahnarzthelferin u.ä.; finden sich überdurchschnittlich viele Realschulabsolventinnen (Schiersmann 1990; S. 25).

Auch die männlichen Migranten erhielten häufiger in den handwerklichen Berufen, für die sich die jungen Deutschen zunehmend weniger interessieren, einen Ausbildungsplatz: als Kfz-Mechaniker, Maurer, Maler und Lackierer bzw. in den Ernährungsberufen. Die Realisierung ihrer beruflichen Pläne gelang ihnen weniger im metallverarbeitenden Bereich (70 %) und noch seltener bei den angestrebten Elektroberufen (54 %).

Die Art, wie die Befragten ihre Lehrstelle gefunden haben, unterscheidet sich deutlich: Während die männlichen Auszubildenden häufiger durch das Arbeitsamt erfolgreich vermittelt wurden, waren die jungen Frauen durch eigene Aktivitäten wie die direkte Nachfrage beim Betrieb, das Abfassen von Bewerbungen aber auch durch die Vermittlung des Arbeitsamtes erfolgreich. Die Strategien der jungen Frauen, einen Ausbildungsplatz zu finden sind vielfältiger - das gilt für alle Nationalitäten - sie entsprechen einerseits ihrem höheren Bildungsniveau und andererseits der Struktur der Betriebe und Ausbildungsberufe, die sie anstreben, bei denen oftmals das persönliche Auftreten - als Friseurin oder Arzthelferin - oder die korrekte Anwendung der deutschen Schriftsprache - z.B. als Arzthelferin - entscheidend sein können. Sie zeigen dadurch, daß sie sich nicht ausschließlich auf die Vermittlugnstätigkeit der Arbeitsämter verlassen, sondern darüber hinaus **eigene Initiative**

ergreifen und selbständig Betriebe suchen, die Ausbildung anbieten, **ihre Handlungskompetenz** (vgl. dazu auch Beer 1988).

Tabelle: Ausbildungsplatzvermittlung (n = 718) in %, Mehrfachnennung möglich

	weiblich	männlich
o Einschaltung des Arbeitsamtes	28,0	42,5
o persönliche Beziehungen der Eltern	10,1	14,7
o persönliche Beziehungen der Freunde	16,0	12,9
o persönliche Beziehungen des Lehrers	8,4	7,9
o Anzeige, die ich selbst aufgegeben habe	3,3	3,1
o Stellenanzeige des Ausbildungsbetriebes	11,4	9,6
o Teilnahme Praktikum	7,9	8,6
o direkte Nachfrage im Betrieb	23,5	18,7
o Bewerbungsschreiben	27,2	21,9

Quelle: Bundesinstitut für Berufsbildung, Repräsentativerhebung 1988/89

Durch persönliche Beziehungen der Eltern erhielten 25 % der deutschen aber nur 13 % der ausländischen Auszubildenden einen Ausbildungsplatz (Hecker 1989, S. 53). Qualitative Untersuchungen zeigen, daß der interne Arbeitsmarkt als bevorzugte Rekrutierungsstrategie der Betriebe insbesondere in der Industrie wirksam ist: bei den dort verwendeten gängigen Selektionsverfahren, z.B. Einstellungstests, erhalten Kinder von Mitarbeitern zum Teil einen "Bonus". Kinder aus deutschen Familien profitieren öfter als Kinder aus Migrantenfamilien von dieser internen Netzwerkrekrutierung (Schaub 1991, S. 128). Durch ihre Stellung als ungelernte Arbeitskräfte bzw. durch den Mangel an betriebsinternen Informationen sowie entsprechenden "Beziehungen" innerhalb des Betriebes, können Eltern aus Migrantenfamilien seltener als deutsche Eltern ihren Kindern helfen, einen Ausbildungsplatz zu erhalten.

Im Vergleich zu deutschen Auszubildenden sind die jungen Migranten also von vorneherein stärker auf die Vermittlungstätigkeit des Arbeitsamtes angewiesen: 37 % der ausländischen und 25 % der deutschen Auszubildenden wurden durch das Arbeitsamt vermittelt. Neben den persönlichen Beziehungen der

Eltern, führen die eigenen Aktivitäten, wie direkte und schriftliche Bewerbung beim Betrieb, bei deutschen Jugendlichen erheblich häufiger zum Erfolg - unabhängig vom Geschlecht (Hecker 1989, S. 53).

Migrantinnen haben - quantitativ betrachtet - den gleichen Zugang zu beruflicher Bildung wie die jungen Männer: Bewerbungshäufigkeit und -dauer sowie der Bewerbungserfolg sind vergleichbar.
Allerdings gelingt es ihnen, trotz ihrer höheren Allgemeinbildung nicht, auf der qualitativen Ebene bessere Ausbildungschancen zu erreichen. Ihre Auswahlmöglichkeiten sind eingeschränkt und zusätzlich konkurrieren sie mit schulisch besser vorgebildeten deutschen Schulabsolventinnen vielfach um die gleichen Ausbildungsplätze.

Die zunehmend verschärften Selektionskriterien und Auswahlverfahren der Betriebe haben bewirkt, daß viele Berufe, wie z.B. im kaufmännischen Bereich, Jugendlichen mit Hauptschulabschluß praktisch nicht mehr offenstehen (Schaub 1991, S. 127). Für Migrantinnen bedeutet dies, daß sie noch immer auf Berufe wie Friseurin verwiesen sind; vergleichbares mit anderen Berufen gilt für die männlichen Migranten. Trotz besserer schulischer Vorbildung und gleichem Einsatz bei der Ausbildungsplatzsuche, gelingt es den jungen Frauen kaum eine Ausbildung in einem aussichtsreichen Beruf zu erhalten: ihre Handlungskompetenz erfährt an den mangelnden Chancen, die ihnen die Aufnahmegesellschaft bietet, ihre Grenze.

3.4 Ausbildung und Nichtausbildung

Der folgende Abschnitt untersucht die Ausbildungsbeteiligung junger Ausländer und stellt ihre Ausbildungssituation aus Sicht der Auszubildenden dar[14]. Neben den quantitativen werden dabei auch qualitative Aspekte analysiert. Zudem zeigt er Einflußfaktoren für Nichtausbildung auf und beschäftigt sich in einem Exkurs mit jungen Migrantinnen, die ohne Beruf bleiben.

14 Die Ausbildungssituation hat K. Schweikert in: "Berufsbildung ausländischer Jugendlicher", (1993) eingehend analysiert.

Die Ausbildung der jungen Migranten erfolgt vor allem in folgenden Berufen
- in % -

Frauen		Männer	
o Friseurin	25,8	o Kfz-Mechaniker	16,7
o Verkäuferin	7,0	o Elektroinstallateur	6,2
o Einzelhandelskauffrau	6,7	o Maler und Lackierer	5,4
o Krankenschwester	6,6	o Schlosser	4,8
o Arzthelferin	6,5	o Maschinenschlosser	4,3

Quelle: Bundesinstitut für Berufsbildung, Repräsentativerhebung 1988/89

Die Konzentration auf wenige Berufe ist bei den Frauen höher: die Hälfte der weiblichen Auszubildenden, aber nur 37 % der männlichen Auszubildenden erhalten ihre Lehre in fünf Berufen. In aussichtsreichen kaufmännischen Berufen befinden sich dagegen verschwindend wenige Jugendliche: z.B. wurden nur 3 % der weiblichen und 1 % der männlichen Auszubildenden zu Bank- und Versicherungskaufleuten ausgebildet.

Die Ausbildung der Jugendlichen findet den Berufen entsprechend in unterschiedlichen Wirtschaftszweigen statt: 60 % der männlichen Auszubildenden sind im Handwerk, jeder vierte in der Industrie. Die Konzentration auf die einzelnen Wirtschaftszweige ist bei den Migrantinnen nicht so stark: Handwerk und Handel sowie öffentlicher Dienst und Freie Berufe sind die wichtigsten Wirtschaftsbereiche.

Ausbildungsbereich (n = 708) in %

	weiblich	männlich
Handwerk	35,6	58,6
Industrie	5,2	23,0
Handel	20,7	6,3
öffentl. Dienst	19,4	3,0
freie Berufe	11,2	2,4
Landwirtschaft	0,3	1,3
sonstige	7,5	5,4

Quelle: Bundesinstitut für Berufsbildung, Repräsentativerhebung 1988/89

Junge Migrantinnen werden in Berufen ausgebildet, die sich durch eine bestimmte Betriebsstruktur auszeichnen: Es sind sehr kleine Betriebe, die meist aus dem Inhaber, der gleichzeitig für die Ausbildung verantwortlich ist, und sehr wenigen Beschäftigten bestehen. Dies trifft sowohl auf Friseurbetriebe wie auf die Praxen der Freien Berufe (z.B. Ärzte) zu. Die Hälfte der weiblichen Auszubildenden ist in einem Kleinbetrieb mit bis zu neun Angestellten beschäftigt - bei den jungen Männern ist es nur jeder fünfte. Jede fünfte Migrantin gibt an, die einzige Auszubildende zu sein, die Hälfte wurde mit 2 - 5 anderen Jugendlichen ausgebildet.

Tabelle: Anzahl der Auszubildenden im Betrieb (n = 714) in %

Auszubildende		weiblich	männlich
nur ich		21,3	8,6
2 - 5	Auszubildende	48,8	46,9
6 - 10	Auszubildende	8,5	18,2
11 - 20	Auszubildende	8,6	12,5
über 20	Auszubildende	12,7	13,7

Quelle: Bundesinstitut für Berufsbildung, Repräsentativerhebung 1988/89

o Ausbildungsbeteiligung

Junge Frauen ausländischer Herkunft konnten im vergangenen Jahrzehnt ihre Teilnahme an beruflicher Erstausbildung erheblich steigern. Doch liegt ihre Ausbildungsbeteiligung - wie die der jungen ausländischen Männer - noch immer weit unter der deutscher Jugendlicher (Berufsbildungsbericht 1991).

Im Verhältnis der weiblichen und männlichen Migranten zueinander zeigt sich, daß sich ihre Ausbildungsquote deutlich angenähert hat. 29 % der Migrantinnen und 33 % der männlichen Migranten erhalten eine berufliche Ausbildung im dualen System.[15]

---

15 Für die geschlechtsspezifische Berechnung der Ausbildungsquote wurde folgendes Verfahren gewählt: die weiblichen bzw. männlichen Auszubildenden der Stichprobe wurden den weiblichen bzw. männlichen Befragten im Alter von 16 - 22 Jahren gegenübergestellt. In dieser Altersgruppe befinden sich 91% aller Auszubildenden (w.: 90,3; m.: 90,8). Diese Altersgruppe wurde gewählt, um einerseits vorhandene Verzerrungen in der Altersstruktur der Befragten - die Frauen sind die jüngeren - auszugleichen und andererseits zu berücksichtigen, daß die Frauen länger zur Schule gehen und erst später eine Berufsausbildung beginnen. Die Prozentzahlen beschreiben den Anteil ausländischer Auszubildender (w., m.) an einem Jahrgang ausländischer Befragter bzw. ausländischer Wohnbevölkerung (w., m.).

Die Ausbildungsbeteiligung differiert nach Nationalität und Geschlecht. Die geringste Ausbildungsbeteiligung haben die Jugendlichen griechischer Herkunft, die sich stärker an schulischer bzw. universitärer Ausbildung orientieren. Spanier und Portugiesen bzw. die Jugendlichen aus der Türkei erhalten häufiger eine Ausbildung im dualen System.

Auch bei den Migrantinnen zeigt sich ein ähnliches Bild: jede dritte Türkin, Spanierin bzw. Portugiesin, jede vierte Italienerin und junge Frauen aus dem ehemaligen Jugoslawien aber nur 16 % der griechischen Mädchen durchlaufen eine duale Erstausbildung. Die geringsten geschlechtsspezifischen Unterschiede bestehen bei den italienischen Jugendlichen, die größten bei den Jugendlichen aus dem ehmaligen Jugoslawien.

Im Vergleich zu den anderen Migrantinnen, ist die Ausbildungsbeteiligung der jungen Frauen türkischer Herkunft am höchsten. Ihre schlechteren schulischen Bildungsvoraussetzungen führen zwar zu größeren Schwierigkeiten beim Übergang von der Schule in eine Ausbildung, doch wirkt sich dies auf ihren Wunsch nach Ausbildung kaum aus. Es ist davon auszugehen, daß die Migrantinnen türkischer Herkunft mit einer Verbesserung ihrer schulischen Vorbildung eine stärkere Ausbildungsberteiligung anstreben und auch erreichen werden.

Tabelle: Ausbildungsbeteiligung nach Geschlecht und Nationalität in %

	weiblich	männlich	insgesamt
Griechen	16,0	20,0	18,3
Italiener	24,6	25,4	24,8
Jugoslawen	25,0	31,3	27,6
Portugiesen u. Spanier	31,8	35,7	34,0
Türken	33,5	37,5	35,6
Alle	29,3	33,2	31,3

Quelle: BIBB, Repräsentativerhebung 1988/89

o Auszubildende

Der folgende Abschnitt stellt dar, wie die Jugendlichen ihre eigene Ausbildung einschätzen. Eine positive Bewertung und Einschätzung der eigenen Ausbildung motiviert nicht nur die Auszubildenden und vergrößert dadurch den Erfolg ihrer Ausbildung, sondern setzt wichtige *Impulse* für ihre weitere berufliche Entwicklung.

Die Mehrheit der Auszubildenden ist mit der Ausbildung zufrieden. Der betriebliche Teil ihrer Ausbildung ist für die Jugendlichen erfreulicher als der Besuch der Berufsschule.

Den Mädchen gefällt ihre *Ausbildung im Betrieb* besser als den männlichen Auszubildenden: 58 % macht ihre Ausbildung Spaß (m.: 47 %). Ausländische Auszubildende haben eine positivere Einschätzung ihrer Ausbildung als deutsche Auszubildende: Denn nur jedem Dritten deutschen Auszubildenden macht die Lehre im Betrieb Spaß - unabhängig vom Geschlecht (Hecker 1989, S. 63; Schweikert 1989, S. 77).

Eine positive Einstellung zum *Besuch der Berufsschule* besitzen die Migrantinnen tendenziell häufiger als die jungen Männer - bei den deutschen Auszubildenden gibt es keine geschlechtsspezifischen Unterschiede. Auch die Zufriedenheit mit der Berufsschule ist bei den ausländischen Auszubildenden ausgeprägter: 31 % der ausländischen, aber nur 12 % der deutschen Auszubildenden finden am Unterricht in der Berufsschule Spaß (Schweikert 1989, S. 79).

Tabelle: Auszubildende: Ausbildungszufriedenheit in %:

	(betriebliche) Ausbildung (n = 181)		Berufsschule (n = 219)	
	w	m	w	m
macht richtig Spaß	57,6	46,7	35,3	26,7
ist ziemlich gut	34,1	35,0	31,2	42,1
es geht, ist notwendig	8,3	13,1	25,5	22,8
fällt mit ziemlich schwer	-	4,0	7,1	7,7
möchte lieber heute als morgen aufhören	-	1,1	1,0	0,7
	100	100	100	100

Quelle: BIBB, Repräsentativerhebung 1988/89

Zwischen 1979 und 1989 hat sich die Ausbildungszufriedenheit der Migrantinnen merkbar, aber die der männlichen Migranten kaum verändert: Den Migrantinnen gefällt 1989 ihre Ausbildung häufiger (Spaß: 48 % auf 58 %), den jungen Männern nicht (Spaß: von 50 % auf 47 %). Während sich die Zustimmung zur Berufsschule bei den jungen Frauen kaum geändert hat, hat die Wertschätzung des Unterrichts durch die männlichen Auszubildenden nachgelassen.

Probleme und Mißstände in der Ausbildung erklären den Grad der Zufriedenheit der Auszubildenden: Die jungen Frauen haben seltener Probleme als die männlichen Auszubildenden (37 % zu 52 %). Die Störfaktoren und Behinderungen, die die Auszubildenden wahrnehmen, sind unterschiedlicher Natur. An erster Stelle steht gerade bei den jungen Männern der problematische Umgang mit den (deutschen) Vorgesetzten (47 %) bzw. (deutschen) Kollegen (27 %) - die jungen Frauen haben mit Vorgesetzten seltener Ärger (dt. Vorges.: 31 %, dt. Koll. 30 %).

Weibliche Auszubildende bemängeln häufiger als die jungen Männer "als billige Arbeitskräfte ausgenutzt zu werden" (w.:31 %, m.: 24 %) sowie die Zuweisung unangenehmer Arbeiten (w.: 27 %; m.: 20 %). Dies hängt damit zusammen, daß die Migrantinnen überdurchschnittlich häufig in Kleinbetrieben ausgebildet werden: Deutsche Auszubildende aus kleineren Betrieben beklagen auch relativ häufig eine derartige Ausnutzung. Belastende Arbeitsbedingungen wie Lärm, Staub und Schmutz werden dagegen von den ausländischen Männern öfter genannt (22 %). Ausnutzungseffekte und den Mangel an Abstimmung zwischen betrieblicher Ausbildung und dem Unterricht in der Berufsschule beklagen deutsche Auszubildende an erster Stelle (40 %, Hecker 1989; S. 73).

Es gibt allerdings Bereiche, in denen die Ausbildung nach Ansicht der Jugendlichen weniger Mängel aufweist: Nur ein kleiner Teil der Auszubildenden beklagt den Schwierigkeitsgrad der Arbeit (w.: 12 %; m.: 16 %), nur jeder zehnte vertritt die Ansicht, die Ausbilder könnten nicht erklären bzw. die Ausbildung zwischen Betrieb und Berufsschule sei nicht abgestimmt. Verständigungsschwierigkeiten sprachlicher Art haben die männlichen Auszubildenden kaum (8 %), die jungen Frauen gar nicht.

Die jungen Migranten schätzen ihre *Chance, nach Abschluß der Ausbildung in ihrem jetzigen Betrieb übernommen zu werden, recht hoch ein;* sie sind optimistischer als deutsche Auszubildende 1985: Zwei Drittel der ausländischen und die Hälfte der deutschen Auszubildenden glaubt nach der Lehre "sicher" oder "wahrscheinlich" übernommen zu werden (Hecker 1989, S. 97). Bei den Migranten sind die jungen Frauen tendenziell optimistischer - bei den Deutschen die Männer.

Die jungen Migranten teilen die skeptischen Zukunftsperspektiven der deutschen Auszubildenden nicht. Allerdings muß bei dieser Aussage berücksichtigt werden, daß die deutschen Auszubildenden Mitte der 80er Jahre befragt wurden, in einer Zeit, in der bedeutende Probleme beim Übergang von der Ausbildung in die Berufstätigkeit existierten. Es ist möglich, daß die relativ pessimistische Einschätzung der deutschen Auszubildenden darauf zurückzuführen ist.

Deutsche Auszubildende waren hinsichtlich ihrer beruflichen Zukunft insgesamt pessimistischer als ausländische Auszubildende: Sie erwarteten öfters in den nächsten Jahren "wahrscheinlich" oder "sicher" arbeitslos zu werden (dt. Azubis: 61 %; ausl. Azubis: 40 %; Schweikert 1989, S. 90). Das Risiko der Arbeitslosigkeit schätzen die Migrantinnen ähnlich hoch ein wie die männlichen Migranten (Tabelle 16 im Anhang).

Tabelle: Auszubildende: Übernahmeperspektiven nach der Ausbildung (n = 199) in %

	weiblich	männlich
sicher	27,8	23,3
wahrscheinlich	39,7	42,5
wahrscheinlich nicht	7,1	9,1
weiß nicht	20,9	20,3
trifft nicht zu	-	1,9

Quelle: Bundesinstitut für Berufsbildung, Repräsentativerhebung 1988/89

Trotz der für sie objektiv schwierigen Bedingungen, wie sie z.B. die Ausbildung in einem Kleinbetrieb darstellt (Beer 1992, S. 178 f), schätzen die Migrantinnen ihre Ausbildungssituation überwiegend positiv ein: Sie erkennen die Mängel und Probleme ihrer Ausbildung, haben jedoch trotzdem eine hohe Ausbildungszufriedenheit. Im Vergleich zu den Männern haben sie weniger Probleme. Entsprechend wohler fühlen sie sich deshalb auch in der Ausbildung.

Deutsche Jugendliche nehmen Ausbildungsprobleme und Mängel anders wahr und werden dadurch in ihrer Zufriedenheit beeinträchtigt - dies gilt unabhängig vom Geschlecht. Dies mag zum einen mit einem höheren Problembewußtsein zusammenhängen, zum anderen sind möglicherweise junge Ausländer, und hier gerade die Frauen, zufrieden, überhaupt eine Ausbildungsstelle gefunden zu haben und schätzen den Wert ihrer Teilnahme an beruflicher Ausbildung an sich bereits sehr hoch ein. Die Analyse zeigt, daß eine hohe Ausbildungszufriedenheit und eine positive Einschätzung der eigenen beruflichen Perspektiven hoch korrelieren: Gerade Migrantinnen verfügen für ihre berufliche Zukunft über einen hohen Grad an Optimismus, der sich zu einem starken Impuls für ihre zukünftige Berufstätigkeit umwandeln kann.

o Nichtausbildung

Trotz einer positiven Entwicklung in der Ausbildungsbeteiligung der jungen Ausländer liegen ihre Partizipation und ihre Ausbildungschancen noch immer weit unter denen deutscher Jugendlicher.

Die Entwicklung zeigt, daß 1985 die jungen Ausländerinnen (15-24 Jahre) deutlich seltener als die gleichaltrigen Männer eine Ausbildungsstelle suchten (w.: 38 %; m.: 48 %, König u.a. 1986; S. 64). Dies hat sich innerhalb von wenigen Jahren geändert, und 1989 bewarben sich die 15- bis 25jährigen Migrantinnen genauso häufig wie die männlichen Migranten (w.: und m.: 48 %). Während der Anteil der männlichen Jugendlichen, der sich um Ausbildung bemüht, stagniert, hat sich das Verhalten der jungen Frauen in diesem Zeitraum positiv entwickelt. Neben den veränderten Einstellungen der jungen Frauen zu Ausbildung und Beruf sind ihr Selbstvertrauen und Ihre Handlungskompetenz angewachsen: Ihre besseren schulischen Bildungsabschlüsse ermutigen sie, eine berufliche Ausbildung zu suchen.

Migrantinnen, die einen Schulabschluß - Haupt- oder Realschule - erlangten, bemühten sich signifikant häufiger um eine Ausbildung als junge Frauen, die die deutsche Schule ohne Abschluß verließen (vgl. Kap. 3.3). Der Anteil der Migrantinnen ohne Abschluß ist seit 1985 sehr stark gesunken: Damals verließen die Hälfte der befragten 15- bis 24jährigen Frauen die Schule ohne

Abschluß - 1989 nur noch einige, so daß sich nur wenige durch einen fehlenden Schulabschluß von der Bemühung um einen Ausbildungsplatz entmutigen ließen (König u.a. 1986, S. 52).

Demgegenüber hat das Erreichen eines Schulabschlusses in der Bundesrepublik auf das Bewerbungsverhalten der jungen Männer nur einen geringen Einfluß (Vgl. Kap. 3.3). Obwohl auch sie 1989 deutlich seltener als 1985 die Schule ohne Abschluß verlassen, hat dies offensichtlich keine Auswirkung auf ihr Bemühen um eine berufliche Ausbildung.

Die Gründe, welche die Jugendlichen - unabhängig vom Geschlecht - nennen zeigen deutlich, welche Faktoren auf ihre Entscheidung keine Berufsbildung aufzunehmen einen geringen Einfluß hatten: Die eigene Intention bzw. die Absicht der Eltern und der Familie, in das Heimatland zurückzukehren, ist von geringer Bedeutung.

Festzustellen ist: Umso jünger die Befragten sind, desto häufiger haben sie nach einem Ausbildungsplatz gesucht. Dies gilt gleichfalls für die jungen Frauen: 63 % der 15- bis 18jährigen Mädchen haben sich um eine Lehrstelle bemüht.

Tabelle: Ausbildungsplatzsuche: ja (n = 2373) in %

	weiblich	männlich
15 - 18 Jahre	63,3	57,0
19 - 24 Jahre	53,9	54,6
22 - 25 Jahre	37,7	40,5
26 - 30 Jahre	25,7	33,3

Quelle: Bundesinstitut für Berufsbildung, Repräsentativerhebung 1988/89

o Exkurs: Junge Migrantinnen ohne Ausbildung

Berufslosigkeit trifft junge Ausländerinnen in besonderem Maße: ihre Ausbildungs- und Berufslosigkeit liegt noch immer viel höher als die deutscher Frauen. Obwohl die jungen Ausländerinnen ihre schulischen Bildungsabschlüsse in den letzten zehn Jahren erheblich verbessert haben, befinden sie sich gegenüber den gleichaltrigen Inländerinnen im Nachteil, da diese in demselben Zeitraum ihr Schulabschlußniveau ebenfalls deutlich gesteigert haben, so daß die (bisherige) Bildungsschere - wenn auch nicht mehr so sehr wie vor zehn Jahren - doch weiterhin deutlich auseinanderklafft. Sie konkurrieren mit ihrer geringeren schulischen Vorbildung auf einem engen Ausbildungs- und Arbeitsmarktsegment mit deutschen Schulabsolventinnen um Ausbildungsplätze.

Der folgende Abschnitt stellt Bildungsvoraussetzungen, Bildungsverlauf und Bildungschancen von *Migrantinnen ohne Ausbildung* dar und untersucht Determinanten ihrer Berufslosigkeit im Vergleich zu denen junger ausländischer Frauen mit abgeschlossener Berufsausbildung. Aus inhaltlichen und methodischen Erwägungen wurden für diesen Abschnitt Befragte im Alter von 20 bis unter 25 Jahren ausgewählt, die auf keine allgemeinbildende Schule gehen, die sich nicht in einer Ausbildung befinden, die nicht studieren und die keine Berufssaufbildung abgeschlossen haben. Die Chancen, mit 20 Jahren noch eine berufliche Erstqualifikation zu beginnen, sind eher als gering einzuschätzen. Die Wahl dieser Altersgruppe ermöglicht zudem einen Vergleich mit bereits vorliegenden Ergebnissen aus Untersuchungen von deutschen Jugendlichen ohne Ausbildung (Davids 1992; Puhlmann 1992).

Ausländerinnen sind deutlich häufiger als deutsche Frauen von Berufslosigkeit betroffen: 44 % der 20- bis 25jährigen Migrantinnen bleiben ohne berufliche Ausbildung, rund 14 % sind es bei den Deutschen. Die Berufslosigkeit liegt bei den jungen ausländischen Männern tendenziell noch höher (52 %).

Junge Ausländerinnen, die die Schule in der Bundesrepublik ohne Abschluß verlassen, haben fast gar keine Chance auf eine berufliche Qualifizierung: 83 % bleiben ohne Ausbildung bzw. Beruf. Doch auch der Hälfte der ausländischen Hauptschulabsolventinnen und jeder dritten Realschulabgängerin gelingt es nicht, hier eine berufliche Qualifizierung zu erhalten. Je nach Nationalität trifft Berufslosigkeit die Migrantinnen in unterschiedlichem Maße: während über die Hälfte der 20- bis 25jährigen Türkinnen (54 %) ohne Ausbildung bleibt, ist bei den anderen Nationalitäten jede dritte Migrantin (35 %) davon betroffen.

Unter den Jugendlichen ohne Ausbildung finden sich junge Menschen, die

- keinen Ausbildungsplatz gesucht haben,
- die zwar gesucht, aber keinen Ausbildungsplatz gefunden haben und diejenigen,
- die eine Ausbildung zwar begonnen, sie dann aber ersatzlos abgebrochen haben.

Die Datenanalyse zeigt, daß sich 15 % der 20- bis 25jährigen Ausländerinnen ohne Beruf um einen Ausbildungsplatz beworben haben. Hierbei bestehen keine geschlechtsspezifischen Unterschiede. Dies bedeutet jedoch, daß die Mehrheit der jungen Ausländerinnen - und männlicher Ausländer -, die ohne Beruf bleiben, bereits an der ersten Schwelle erst gar nicht nach einem Ausbildungsplatz suchten. Nur 28 % der berufslosen Frauen, die sich um eine Lehrstelle bemühten, konnten auch einen Ausbildungsplatz finden.

Wie läßt sich nun erklären, daß die Mehrheit der jungen Migrantinnen, obwohl sie Berufsausbildung für Frauen als wichtig erachten, von vornherein auf die mögliche Chance einer beruflichen Qualifizierung, verzichten? Hierfür gibt es verschiedene Begründungszusammenhänge:

o **Ein Drittel der 20- bis 25jährigen Migrantinnen ohne Ausbildung** ist gegen Ende ihrer allgemeinbildenden Schulzeit im Herkunftsland, meist mit über 16 Jahren in die Bundesrepublik gekommen, d.h. sie haben keine allgemeinbildende Schule in der Bundesrepublik besucht. Sie sind auf Schulabschlüsse und Qualifikationen aus ihrem Herkunftsland angewiesen. Diese jungen Frauen hatten bei ihrer Einreise in die Bundesrepublik zum Teil andere Lebensperspektiven: die Mehrheit hat hier eine eigene Familie gegründet; 60 % haben Kinder und 76 % sind verheiratet oder leben mit ihrem Partner zusammen. Bei einem Teil der späteingereisten Migrantinnen leben die Eltern noch im Herkunftsland und sind nie in die Bundesrepublik eingewandert (38 %), was darauf hinweist, daß diese jungen Frauen im Rahmen des Familiennachzugs zu ihrem Ehepartner in die Bundesrepublik gereist sind. Bei ihrer Einreise hatten die späteingereisten Migrantinnen wohl stärker eine familiale Orientierung, 40 % geben an, keine eigenen beruflichen Pläne gehabt zu haben. Hatten sie eine eigene berufliche Orientierung entwickelt (22 %), so war diese selten mit der Perspektive einer beruflichen Qualifizierung verknüpft (15 %). Hingegen verfügten sie häufiger über eine Arbeitsperspektive verbunden mit dem Motiv, unverzüglich Geld zu verdienen (25 %). Ihren Orientierungen entsprechend hat die Hälfte nach ihrer Ankunft in der Bundesrepublik erst einmal den eigenen bzw. den elterlichen Haushalt geführt. Ein Teil der jungen Frauen hat eine Erwerbstätigkeit aufgenommen (19 %) bzw. gejobbt (13 %). Der Anteil der Arbeitslosen (13 %) zeigt, daß der Wunsch nach Erwerbsarbeit allerdings höher lag. Jede zehnte späteingereiste junge Frau hat sich um einen beruflichen Einstieg über die Teilnahme an berufsvorbereitenden Kursen und Maßnahmen bemüht. Direkt nach einem Ausbildungsplatz haben nur 2 % der späteingereisten Migrantinnen ohne Beruf gesucht. Knapp die Hälfte der berufslosen jungen Frauen standen bei ihrer Einreise dem Arbeitsmarkt zur Verfügung.

o **Zwei Drittel der 20- bis 25jährigen berufslosen Migrantinnen** haben eine allgemeinbildende Schule in der Bundesrepublik besucht. Ihre Lebenssituation unterscheidet sich von der der Frauen mit abgeschlossener Ausbildung: Die Hälfte lebt mit einem Partner zusammen (48 %) und 39 % haben Kinder; während nur jede fünfte Migrantin mit Ausbildung Kinder hat und lediglich ein Drittel verheiratet ist. Die Hälfte der jungen Frauen mit Berufsabschluß lebt noch mit der Elternfamilie in einer gemeinsamen Wohnung. Berufslose Migrantinnen sind durchschnittlich später eingereist als diejenigen mit abgeschlossener Ausbildung. Einerseits haben sie dadurch die Schule im Herkunftsland länger, dafür diejenige in Deutschland kürzer besucht. Dies wirkt sich auf ihre Schulabschlüsse aus: 17 % haben in der Bundesrepublik keinen Schulabschluß erreicht - bei den Migrantinnen mit Ausbildung verfügen (quasi) alle über einen Bildungsabschluß aus der Bundesrepublik (98 %). Immerhin die Hälfte der berufslosen Migrantinnen hat die Hauptschule (55 %) und (fast) jede fünfte die Realschule (17 %) erfolgreich abgeschlossen. D. h., ein großer Teil der Migrantinnen ohne Ausbildung wenn sie eine Schule in der Bundesrepublik besucht haben, erreichten, zumindest den Hauptschulabschluß, manche aber auch den Realschulabschluß. Nur ein kleiner Teil bleibt - trotz Schulbesuch in der Bundesrepublik - schließlich ohne Abschluß einer allgemeinbildenden Schule. Ein großer Teil der berufslosen Migrantinnen war nach Beendigung der Schule in der Bundesrepublik an einer beruflichen Ausbildung interessiert: immerhin hatten 43 % den Wunsch, an Berufsausbildung teilzunehmen und haben entsprechende Schritte unternommen, um sich beruflich beraten zu lassen.

Jede fünfte hat sich um eine Ausbildung bemüht. Doch nur jede Dritte davon war erfolgreich, d.h. zwei Drittel haben sich umsonst beworben.

Der geringe Anteil derjenigen, die sich tatsächlch um eine Lehrstelle bemühen, deutet darauf hin, daß die große Mehrheit bereits an der 1. Schwelle resigniert und erst gar nicht nach einem Ausbildungsplatz gesucht hat. Es ist davon auszugehen, daß sie sich, ihre Chancenlosigkeit antizipierend, erst gar nicht bewerben (Neumann 1986). Durch ihre im Vergleich zu deutschen Ausbildungsplatzbewerberinnen weniger qualifizierten Schulabschlüsse lassen sie sich von einer Bewerbung abhalten. *Der große Anteil derjenigen, die sich erfolglos um eine Ausbildungsstelle beworben haben, bestätigt, daß die jungen Frauen, die von vornherein resignieren, ihre Chancen überwiegend richtig eingeschätzt haben.*

Die Bildungsvoraussetzungen der Migrantinnen mit abgeschlossener Berufsausbildung sind wesentlich günstiger als die der berufslosen jungen Frauen: (fast) jede Migrantin mit Ausbildung verfügt über einen deutschen Schulabschluß, 61 Prozent über einen Hauptschul- und 37 Prozent über einen Realschulabschluß. Alle sprechen und verstehen gut Deutsch, fast alle haben zudem eine gute Schriftkompetenz der deutschen Sprache (Lesen: 93 %; Schreiben: 90 %), im Gegensatz zu den berufslosen jungen Frauen, die aufgrund ihrer späteren Einreise seltener über gute Deutschkenntnisse verfügen.

Berufslose Migrantinnen, die die Schule hier besucht haben, besitzen mehrheitlich eine gute mündliche und nur zum Teil eine gute schriftliche Sprachkompetenz im Deutschen (gut: Lesen 77 %; Schreiben 73 %). Dagegen versteht nur knapp die Hälfte der späteingereisten Migrantinnen ohne Ausbildung gut deutsch - weit weniger sprechen (37 %) bzw. lesen (30 %) oder schreiben (25 %) die deutsche Sprache entsprechend gut.

Auch die berufliche Position der Eltern ist bei den qualifizierten Migrantinnen weitaus günstiger (und für eine Berufsausbildung förderlicher): über die Hälfte der Väter sind als Facharbeiter, Meister oder Angestellte berufstätig (54 %) - doppelt so häufig wie bei den berufslosen jungen Frauen (27 %). Der Beschäftigungsgrad der Mütter und der Anteil der Mütter mit qualifiziertem Arbeitsverhältnis ist bei den Migrantinnen mit Ausbildung wesentlich höher als bei den berufslosen jungen Frauen (Beschäftigungsgrad 67 % zu 54 %; Facharbeiter/Angestellte 35 % zu 4 %).

Zum Teil bedingt durch ihre familiäre Situation haben berufslose Migrantinnen andere berufliche Orientierungen und Prioritäten: fast alle Migrantinnen, die eine berufliche Ausbildung durchlaufen haben, wollten einen Beruf erlernen (86 %). Dies trifft auf junge berufslose Frauen in geringerem Maße zu, wobei das Einreisealter und der Schulbesuch in der Bundesrepublik eine Rolle spielen. Das Erreichen bzw. die Art des Schulabschlusses haben gleichfalls einen Einfluß auf berufliche Perspektiventwicklung: je höher der Schulabschluß, desto stärker ist das Interesse der Frauen ohne Ausbildung, einen Beruf zu erlernen. Die Mehrheit der Realschulabsolventinnen (59 %), (knapp) die Hälfte der Hauptschulabsolventinnen (46 %) und immerhin jede dritte Abgängerin ohne Abschluß hatte an der 1. Schwelle diese Perspektive vor Augen. Dementsprechend haben sie sich auch vom Arbeitsamt beruflich beraten lassen. Ein Drittel der berufslosen jungen Frauen wollte nach eigenen Angaben erst einmal Geld verdienen. Auch bei der konkreten Nachfrage, warum sie im Anschluß an die Schule bzw. nach ihrer Einreise keine Ausbildung aufgenommen haben, nennen sie dieses Argument am häufigsten. Sie sind zu diesem Zeitpunkt eher an dem mit einer Erwerbstätigkeit verbundenen Einkommen als an einer eigenen beruflichen Qualifizierung interessiert. Es ist davon auszugehen, daß bei diesen jungen Frauen aufgrund ihrer Familiensituation (mit Kind), die Notwendigkeit eines eigenen (zusätzlichen) Verdienstes zur Absicherung des Familieneinkommens besteht.

Es wird deutlich, daß berufslose Migrantinnen mit Kind stärker in familialen Zusammenhängen leben und denken. Gerade diejenigen jungen Frauen, die erst als Jugendliche hierher kamen, ihre schulische Sozialisation im Heimatland erfahren und hier nie eine allgemeinbildende Schule besucht haben, richten ihre Lebenspläne stärker auf Familien- und Kinderarbeit, ohne diese mit der Perspektive für eine eigene berufliche Qualifizierung zu verknüpfen bzw. verknüpfen zu können.
Etwas anders sieht es bei den berufslosen Migrantinnen aus, die die Schule hier besucht haben: ein Teil war nach der Schulzeit an einer beruflichen Ausbildung interessiert, ohne diesen Wunsch in die Realität umzusetzen bzw. umsetzen zu können.

Doch auch die überwiegende Mehrheit der berufslosen Migrantinnen betont die Wichtigkeit einer beruflichen Qualifizierung und eines eigenen Einkommens für Frauen (70 %; Migrantinnen mit Ausbildung 94 %). Die Hälfte von ihnen hält Geld für ausgesprochen wichtig im Leben - doppelt so häufig wie die jungen Frauen mit abgeschlossener Ausbildung. Berufsausbildung spielt hingegen bei den berufslosen Frauen seltener eine sehr wichtige Rolle (30 % zu 49 %).
Für Migrantinnen ohne Ausbildung steht eher der Verdienst im Vordergrund, da sie - gerade bei Kindern - als Mitverdienerinnen zur Sicherung des Lebensunterhaltes der eigenen Familie beitragen bzw. beitragen müssen. Wohingegen bei den jungen Frauen mit abgeschlossener Ausbildung inhaltliche Aspekte der Berufstätigkeit vor dem Finanziellen Vorrang haben. Durch ihren Verdienst tragen sie zum Einkommen der Elternfamilie zwar bei, ohne jedoch in dem Maße mitverantwortlich zu sein, wie die Migrantinnen ohne Ausbildung.

Die Bedeutung der inhaltlichen Aspekte der Berufsarbeit werden durch die Frage nach den relevanten Kriterien bei der Berufswahl bestätigt: für die große Mehrheit der beruflich qualifizierten jungen Frauen (75 %) sind Spaß und Eignung sehr wichtig - andere Kriterien folgen erst weit danach. Bei den Migrantinnen ohne Ausbildung rangieren Spaß und Eignung zwar auch an vorderster Stelle ihrer beruflichen Werteskala - jedoch dicht gefolgt von Verwertungs- und Reproduktionsaspekten.

Nur 29 % der berufslosen Migrantinnen nennen die Vorbehalte der Eltern als weiteren Hinderungsgrund für eine Ausbildung. Auch 10 % der Männer geben dies an. Betrachtet man allerdings die 20- bis 25jährigen Migrantinnen insgesamt, so erheben nur 8 % der Eltern Einwände gegen die Ausbildung ihrer Tochter. Qualitative Untersuchungen haben gezeigt, daß die Eltern sehr hohe Bildungserwartungen an ihre Kinder haben; können diese nicht realisiert werden, verlieren sie zuweilen jedes weitere Interesse an der Qualifikation ihres Kindes.

Andere Lebenspläne bei ihrer Einreise bzw. mangelnde Chancen beim Zugang zur Ausbildung charakterisieren die Berufslosigkeit junger Migrantinnen. Trotz des relativ hohen Anteils an jungen Frauen, die durch Familie und Kind eingebunden sind, haben sie sich nach ihrer Erfolgslosigkeit bzw. ihren Erfahrungen an der 1. Schwelle nicht aus dem Arbeitsmarkt drängen lassen: die Hälfte der Migrantinnen ohne und drei Viertel der Migrantinnen mit Ausbildung sind berufstätig.

- 88 % *der kinderlosen Migrantinnen ohne Ausbildung* stehen dem Arbeitsmarkt als Erwerbspersonen bzw. als zu Qualifizierende zur Verfügung; 14 % davon sind arbeitslos, während 17 % berufsvorbereitende Kurse besuchen. Nur jede Zehnte hat sich aus dem Erwerbsleben in die Familienarbeit zurückgezogen. Kinderlose Migrantinnen ohne Ausbildung sind in ihrer Lebensplanung stark an Erwerbsarbeit orientiert: Sie haben eine ähnlich hohe Arbeitsmotivation - und diese ist unabhängig von der erreichten beruflichen Qualifikation - wie die Migrantinnen mit abgeschlossener Ausbildung, nur konnten sie diese nicht so häufig in ein Beschäftigungsverhältnis umsetzen.
- Fast die Hälfte der *berufslosen Migrantinnen mit Kind* ist erwerbswillig: 16 % sind arbeitslos und 38 % berufstätig über die Hälfte befindet sich ausschließlich in der Familienphase (55 %). Der Anteil der am Erwerbsprozess beteiligten Mütter ist bei den Migrantinnen mit abgeschlossener Berufsausbildung höher (66 %). Berufliche Qualifizierung unterstützt somit

die Entscheidung der jungen ausländischen Mütter im Beruf zu verbleiben und Familie und Beruf miteinander zu vereinbaren.

Die Erwerbsbeteiligung und Erwerbswilligkeit der berufslosen Migrantinnen, auch derjenigen mit Familie, zeigt ihre Entschlossenheit, sich (weiterhin) auf dem Arbeitsmarkt zu behaupten.

Die individuellen Bildungs-Voraussetzungen für die Aufnahme einer Berufsausbildung sind bei der Hälfte der 20- bis 25jährigen Migrantinnen, die ohne Ausbildung geblieben sind, gegeben: Sie haben mindestens den Hauptschulabschluß erreicht und darüber hinaus zum Teil Qualifizierungsanstrengungen unternommen. Eine Nachqualifizierung kommt gerade für diese jungen Frauen sowie für die erwerbstätigen bzw. erwerbswilligen Migrantinnen in Frage (vgl. Granato 1993).

4 Berufliche Situation

Der Übergang in das Beschäftigungssystem stellt den nächsten Schritt zur beruflichen Integration dar.

Tabelle: Nichterwerbstätige, Schulbesuch und berufliche Erstausbildung (berufl. Ausbildung und Studium) in %

	weiblich		männlich	
	Schulbesuch + berufl. Erstausbildung	Hausfrau	Schulbesuch + berufl. Erstausbildung	Hausmann
15 - 18 Jahre	80,6	3,1	75,1	1,0
19 - 21 Jahre	44,6	11,7	40,2	2,1
22 - 25 Jahre	20,7	19,1	18,1	1,5
26 - 30 Jahre	13,9	34,0	14,6	0,5

Quelle: Bundesinstitut für Berufsbildung, Repräsentativerhebung 1988/89

60 % der 23- bis 24jährigen deutschen Frauen und 40 % der 22- bis 25jährigen Migrantinnen sind erwerbstätig (Schiersmann 1990, S. 55). Im Vergleich zu den jungen Deutschen befinden sich die Migrantinnen dieser Altersgruppe

häufiger in einer beruflichen Erstausbildung, studieren oder gehen noch zur Schule (31 % zu 20 %). Der Anteil der nichterwerbstätigen Frauen ist bei den Migrantinnen kaum höher (14 % zu 11 %), wobei sie früher als deutsche Frauen eine Familie gründen: 28 % der 22- bis 25jährigen Migrantinnen haben Kinder.

Der folgende Abschnitt befaßt sich mit der Erwerbsbeteiligung. Die 15- bis 18jährigen werden dabei nicht berücksichtigt, da sie überwiegend eine allgemeinbildende Schule besuchen. 43 % der 19- bis 30jährigen Migrantinnen und 65 % der gleichaltrigen Männer sind erwerbstätig, d.h. berufstätig oder in einer dualen Ausbildung.

Die Erwerbsquote - der Anteil der Erwerbstätigen und Erwerbswilligen (aber Arbeitslosen) ist bei den Männern höher als bei den Frauen (w.: 51 %; m.: 79 %).

Die Erwerbsbeteiligung junger Frauen mit Kindern ist hoch. Auch mit Familie bleiben junge Mütter ausländischer Herkunft weiterhin im Erwerbsprozeß. Nur bei wenigen erfolgt ein Rückzug aus dem Arbeitsleben. 42 % der Migrantinnen mit Kindern sind erwerbstätig oder erwerbslos, die Jüngeren häufiger als die 26- bis 30jährigen Mütter (w.: 22-25 J. 47 %; 26-30 J. 38 %; vergl. Tabelle 19 im Anhang).

Knapp die Hälfte der Mütter gibt an, nicht berufstätig zu sein. Allerdings bezeichnen sich nur sehr wenige als arbeitslos. Es ist zu vermuten, daß der "Rückzug" aus dem Arbeitsmarkt nicht in jedem Falle aus Desinteresse an einer Erwerbstätigkeit erfolgte oder weil die jungen Frauen es vorziehen, sich einzig der Familienarbeit zu widmen, sondern weil sie möglicherweise keine angemessene Arbeit finden.

Die Mehrheit der jungen Frauen ohne Kinder ist erwerbstätig bzw. arbeitslos (56 %).

- Migrantinnen, die die Schule in der Bundesrepublik besucht haben, sind signifikant häufiger erwerbstätig als *junge Frauen, die ihre Schulzeit im Heimatland verbracht haben* (51 % zu 28 %). Das hängt damit zusammen, daß die Hälfte der späteingereisten Frauen bereits Kinder haben und sich zum Teil in der Familienphase befinden, doch rund jede vierte Mutter mit Schulabschluß aus dem Herkunftsland ist berufstätig. Die Erwerbsbeteiligung junger späteingereister Frauen ohne Kinder liegt höher: Jede Dritte ist berufstätig, jede Zehnte von Arbeitslosigkeit betroffen. Nur einige Frauen, die die Schule hier besucht haben, haben bereits Kinder (15 %) - doch bleibt knapp die Hälfte von ihnen auch in dieser Zeit berufstätig (45 %).

- Die Erwerbsbeteiligung ist bei den jungen *Türkinnen* vor allen anderen Nationalitäten am höchsten: Ihr Interesse an Berufsarbeit bzw. die materielle Notwendigkeit eines eigenen zusätzlichen Einkommens ist besonders hoch.

Das Erwerbsleben beginnt heute deutlich später als noch vor zehn Jahren: Die Ausbildungs- bzw. Übergangszeit hat sich bei den Jugendlichen erheblich verlängert. Beim Übergang von der Schule in die Ausbildung bzw. in das Beschäftigungssystem gibt es Schwierigkeiten und Friktionen:

- *Junge Frauen ohne Schulabschluß* haben deutlich häufiger als Hauptschul- bzw. Realschulabsolventinnen nach Verlassen der Schule erst einmal im Haushalt der Eltern gearbeitet (24 %) bzw. gejobbt (16 %). Sie haben ebenso wie Hauptschulabsolventinnen erst einmal gearbeitet (ca. 22 %) bzw. BVJ/BGJ- und ähnliche Kurse besucht (23 % zu 17 %). Heute arbeitet die Hälfte und 13 % sind arbeitslos.
- Die meisten Frauen, die zum Zeitpunkt der Befragung *nicht berufstätig* waren, sind verheiratet. 75 % haben Kinder. Die Hälfte ist erst nach dem Besuch der Schule im Herkunftsland in die Bundesrepublik gekommen. Diejenigen, die eine Schule hier besucht haben, haben überwiegend einen Hauptschulabschluß (71 %), einige sogar einen Realschulabschluß (10 %). Jede zehnte hat die Schule ohne Abschluß verlassen. Jede dritte nichtberufstätige Frau wollte nach der Schule einen Beruf erlernen (32 %) - doch genauso viele hatten keine beruflichen Pläne (36 %). Deutlich seltener als die anderen Frauen haben sie nach einer Ausbildungsstelle gesucht (22 %). Sie haben nach der Schule bzw. ihrer Einreise erst einmal im eigenen (36 %) bzw. im elterlichen Haushalt (19 %) gearbeitet. Nur wenige waren erwerbstätig - d.h. der Rückzug aus der Berufsarbeit erfolgte überwiegend bereits an der ersten Schwelle. Das bedeutet, daß die Mehrheit ohne berufliche Ausbildung bleibt. Sie haben zum Teil andere Lebenspläne, die sich stärker an der Familie orientieren oder keine Möglichkeit gefunden, ihre beruflichen Pläne zu realisieren.
- *Migrantinnen, die arbeitslos sind, haben hingegen einen* anderen beruflichen Werdegang: An der ersten Schwelle waren sie überdurchschnittlich an beruflicher Qualifizierung interessiert: 58 % haben einen Ausbildungsplatz gesucht. 38 % haben keine Ausbildungsstelle erhalten - doppelt so oft wie die anderen Bewerberinnen. Nur jede fünfte konnte direkt nach Schulabschluß eine Lehre beginnen. Während 18 % gleich gearbeitet bzw. gejobbt haben, war jede fünfte arbeitslos. Diesen jungen Frauen ist es von Anfang an nicht gelungen, sich beruflich dauerhaft und qualifiziert zu inte-

grieren: Weder an der 1. noch an der 2. Schwelle haben sie geeignete Ausbildungschancen bzw. Arbeitsmarktchancen vorgefunden. Ihre beruflichen Pläne, über die Hälfte strebte eine Ausbildung an - sind weitgehend gescheitert - obwohl ein Teil Kurse der Berufsvorbereitung besucht hat (13 %). In dieser Gruppe finden sich überdurchschnittlich häufig junge Frauen ohne Abschluß (11 %) bzw. mit Hauptschulabschluß (67 %).

- 30 % der *berufstätigen Migrantinnen* haben im Anschluß an die Schule bzw. nach ihrer Ankunft in der Bundesrepublik erst einmal eine Arbeit aufgenommen. 26 % haben gleich eine Lehre begonnen. 42 % von ihnen hatten einen Ausbildungsplatz gesucht. Ein Drittel der berufstätigen Frauen hat Kinder, d.h. ist neben Kinder- und Familienarbeit erwerbstätig.
- 90 % der Studentinnen haben gleich nach der Schule bzw. ihrer Einreise ihr Studium begonnen. Jede Dritte hat die Hochschulreife im Herkunftsland erworben, zwei Drittel das Abitur in Deutschland.

Auch die *bisherige Erfahrung mit Arbeitslosigkeit* dokumentiert den schwierigen Übergang in Erwerbstätigkeit: 29 % der Frauen und 40 % der Männer waren bereits ein- oder mehrmals arbeitslos. Häufigkeit und Dauer der früheren Arbeitslosigkeit unterscheiden sich kaum nach Geschlecht. Die Männer türkischer Herkunft sind aber häufiger als die anderen Männer bereits arbeitslos gewesen (40 % zu 30 %).

Zum Zeitpunkt der Befragung waren 16 % der weiblichen und 20 % der männlichen Erwerbspersonen arbeitslos. Der niedrigere Anteil der Frauen ist genauso wie bei deutschen Frauen auf verdeckte Arbeitslosigkeit und den Rückzug in eine Hausfrauentätigkeit zurückzuführen (vgl. Schiersmann 1990, S. 57).

Es zeigt sich, daß Migrantinnen mit einer abgeschlossenen Berufsausbildung ebenso wie diejenigen ohne berufliche Qualifikation von Arbeitslosigkeit betroffen sind. Dies hängt mit den Berufen sowie der Struktur der Betriebe, in denen die Migrantinnen überwiegend ausgebildet werden, zusammen: Zum Beispiel bilden viele Friseurbetriebe bzw. die Praxen der Freien Berufe Jugendliche über ihren Bedarf aus. Für die männlichen Migranten trifft zu, daß diejenigen ohne formale Qualifikation häufiger arbeitslos sind als die jungen Fachkräfte (21 % zu 16 %).

Ein Ausbildungsabschluß senkt bei jungen ausländischen Frauen das Risiko von Arbeitslosigkeit nicht - im Gegensatz zu den jungen Männern. Dies belegt die Probleme, die gerade weibliche Fachkräfte ausländischer Herkunft nach ihrer Ausbildung beim Übergang in fachlich qualifizierte Berufstätigkeit haben.

- o Die Arbeitslosenquote zeigt im Zusammenhang mit dem Alter keine kontinuierliche Entwicklung. Sie ist bei den Frauen über alle Altersgruppen hinweg ohne große Unterschiede. Dies deutet darauf hin, daß *mit zunehmendem Alter keine quasi automatische Integration in das Beschäftigungssystem stattfindet* (Vgl. Tabelle 20 im Anhang).
- o Erwerbspersonen mit einem Schulabschluß aus dem Herkunftsland sind stärker von Arbeitslosigkeit betroffen. *Daneben hat das Schulabschlußniveau einen deutlichen Einfluß auf das Risiko von Arbeitslosigkeit.* Es wird durch einen höherwertigen Schulabschluß erheblich gesenkt (w. RSab.: 10 %; HSab.: 18 %, o. Ab.: 21 %; m. RSab.: 12 %, HSab.: 17 %, o.Ab.: 22 %).
- o Die jungen *Türkinnen* sind von allen erwerbstätigen Migrantinnen am seltensten arbeitslos (14 % zu 20 %).
- o Die (aktuelle) Arbeitslosigkeit der männlichen Türken liegt bei 20 % und damit über der der anderen Männer.

Die Beschäftigungssituation und die Bedingungen am Arbeitsplatz unterscheiden sich nach der beruflichen Erstausbildung und dem Geschlecht.

Dies gilt u.a. auch für die Wirtschaftszweige, in denen die Befragten arbeiten. Ausbildungsabsolventinnen sind ihren Ausbildungsberufen entsprechend vergleichsweise häufig im Gesundheitswesen (20 %) und im Einzelhandel (17 %) anzutreffen, dagegen nur gelegentlich im Handwerk (13 %) und in der Industrie (9 %, vgl. Tabelle 21 im Anhang). Die anderen berufstätigen Frauen sind häufig in Industriebetrieben (40 %), gelegentlich im Hotel- und Gaststättengewerbe (16 %) und seltener im Gesundheitsbereich (11 %) tätig. Dem jeweiligen Wirtschaftszweig entspricht auch die Betriebsgröße: Junge Frauen mit beruflicher Qualifizierung arbeiten eher in Kleinbetrieben, während die Migrantinnen ohne Ausbildung in Großbetrieben über 100 Mitarbeitern beschäftigt sind (vgl. Tabelle 22 im Anhang).

Männliche Ausbildungsabsolventen sind u.a. in Industrie und Handwerk beschäftigt (ca. 30 %), gelegentlich im Bau- bzw. im Hotel- und Gaststättengewerbe (10 %). Die Männer ohne Ausbildung arbeiten vielfach in der Industrie (43 %), in der Hotel- und Gaststättenbranche (20 %), seltener im Handwerk (11 %). Die Männer arbeiten eher in Betrieben mittlerer Größenordnung.

Die berufliche Position der Migrantinnen und Migranten gibt weitere Hinweise über ihre Chancen im Beschäftigungssystem: Die Hälfte der erwerbstätigen Ausländer und Ausländerinnen ist als un- oder angelernte Arbeitskraft beschäftigt (w.: 48 %; m.: 53 %). Der Abschluß einer Berufsausbildung beeinflußt die Chancen einer qualifizierten Beschäftigung: 74 % der männlichen Ausbildungsabsolventen sind Facharbeiter, 70 % der jungen Männer ohne Ausbildung un- bzw. angelernte Arbeiter. (Knapp) ein Drittel der Migrantinnen mit abgeschlossener Ausbildung sind Facharbeiterinnen und über die Hälfte einfache Angestellte, während zwei Drittel der berufslosen Frauen als ungelernte Arbeitskräfte arbeiten. Die Bezeichnung "Angestellte" bedeutet nicht unbedingt eine qualifizierte Berufsarbeit, die einen Ausbildungsabschluß erfordert bzw. dem Ausbildungsberuf entspricht, doch haben Angestellte im Vergleich zu Arbeiterinnen bessere Arbeitsbedingungen und rechtliche Regelungen.

Tabelle: Beruflicher Status in %

	alle Berufstätigen (n = 1118)		mit Ausbildungsabschluß (n = 275)		ohne Ausbildung (n = 728)	
	w	m	w	m	w	m
un- u. angelernte Arbeiter	47,5	53,2	6,4	8,8	63,6	69,8
Facharbeiter	13,7	29,4	28,9	74,1	7,4	13,2
einfache Angestellte	31,8	9,7	55,3	8,8	23,7	9,7

Quelle: Bundesinstitut für Berufsbildung, Repräsentativerhebung 1988/89

- Wie die Teilnahme bzw. der Abschluß einer Ausbildung, so steht das Erreichen beruflicher Positionen in engem Zusammenhang mit der *schulischen Vorbildung:* 90 % der Absolventinnen ohne Schulabschluß arbeiten als unqualifizierte Kräfte, 46 % sind es bei den Hauptschul- und nur noch 20 % bei den Realschulabsolventinnen. Für die jungen Männer gilt vergleichbares.
- Über die Hälfte der jungen *türkischen Frauen* üben un- bzw. angelernte Tätigkeiten aus - wesentlich häufiger als die anderen Migrantinnen, was im Zusammenhang mit ihren niedrigen Bildungsabschlüssen und ihrem hohen Anteil an berufslosen Migrantinnen zu sehen ist.

Allerdings hat sich *die berufliche Situation der jungen Ausländer gegenüber 1979 erheblich verbessert:* 1979 waren fast alle Jugendlichen - unabhängig vom Geschlecht - als un- bzw. angelernte Arbeitskräfte beschäftigt, kaum eine bzw. einer hatte eine qualifizierte Beschäftigung - während dies 1989 immerhin der Hälfte der jungen Frauen und Männer gelungen ist (Vgl. Tabelle 29 im Anhang).

Die berufliche Qualifikation hat in starkem Maße Einfluß auf die Rahmenbedingungen der Arbeit, wie Qualität des Arbeitsplatzes, Arbeitsplatzsicherheit und -zufriedenheit. Ausbildungsabsolventen haben häufiger einen unbefristeten Vertrag, arbeiten öfter in einem deutschen Umfeld, klagen weniger über Schwierigkeiten bei der Arbeit, haben seltener Verständigungs- und Kommunikationsprobleme und sind im Betrieb seltener belastenden Umwelteinflüssen ausgesetzt. Auch von daher sind sie rundum zufriedener mit ihrer Berufsarbeit, optimistischer hinsichtlich ihrer beruflichen Zukunft und haben kaum bzw. kein Interesse, ihren Arbeitsplatz mit einem deutschen Arbeitskollegen zu tauschen (Vgl. Tabelle 23-29 im Anhang).

Die Ergebnisse im einzelnen:

- o Ausbildungsabsolventen haben eine größere Arbeitsplatzsicherheit und seltener (10 %) befristete Arbeitsverträge als die anderen Beschäftigten (20 %).
- o Ausländische Beschäftigte mit Berufsausbildung arbeiten häufiger als die anderen mit deutschen Arbeitskollegen (97 % zu 87 %).
- o Junge ausländische Fachkräfte haben seltener Probleme bzw. Schwierigkeiten am Arbeitsplatz als Arbeitskräfte ohne formale Ausbildung. Hierbei bestehen kaum geschlechtsspezifische Unterschiede (vgl. Tabelle 25 im Anhang).

- o Die Art der vorhandenen Probleme differiert stärker nach Ausbildungsabschluß und weniger nach Geschlecht. Bis auf zwei Problembereiche haben junge Migranten ohne Abschluß durchgehend mehr Schwierigkeiten. In punkto Arbeitsanfall und Überstunden sehen die jungen Fachkräfte häufiger Probleme: Von ihnen wird in dieser Hinsicht mehr erwartet (Vgl. Tabelle 26 im Anhang).

- o Jede vierte junge Frau und jeder fünfte Mann ohne Abschluß hat Verständigungsschwierigkeiten - deutlich häufiger als Ausbildungsabsolventen (12 %); Jugendliche, die sich in Ausbildung befinden, sehen die Kommunikation nur noch äußerst selten als problematisch an. Hierbei gibt es keine relevanten geschlechtsspezifischen Unterschiede. Die Teilnahme an beruflicher Ausbildung fördert den Spracherwerb der Migrantinnen und Migranten in der Zweitsprache und senkt die Sprachbarrieren deutlich.

- o Von belastenden Einflüssen bei ihrer Arbeit sind die jungen Männer stärker als die jungen Frauen betroffen. Männliche Beschäftigte ohne Ausbildung besonders häufig: Sie berichten von schwierigen Arbeitsbedingungen wie Lärm, Staub und Schmutz bzw. Hitze und Kälte. Den Ausbildungsabsolventinnen gelang es häufiger als den anderen jungen Frauen ohne Ausbildung einen sauberen Arbeitsplatz zu finden.

- o Die Zuweisung unangenehmer Arbeiten ist ebenfalls für die jungen Männer problematisch, noch stärker für diejenigen ohne Ausbildung.

- o Die Situation am Arbeitsplatz hat sich für ausländische Arbeitnehmer in den letzten Jahren gewandelt. 1979 berichteten Frauen und Männer gleichermaßen von Problemen bei ihrer Arbeit. Dabei sind die Arbeitsprobleme der Migrantinnen in den letzten 10 Jahren nur tendenziell gestiegen (von 35 % auf 42 %), die der männlichen Beschäftigten hingegen deutlich (von 34 % auf 50 %, vgl. Tabelle 30 im Anhang). Obwohl die Verständigungsprobleme bei beiden Geschlechtern erheblich - um 20 Prozentpunkte - zurückgegangen sind.

Die Arbeitszufriedenheit der Migrantinnen ist nun - anders als 1979 als es keine Unterschiede gab - signifikant höher als die der männlichen Beschäftigten. Insbesondere Ausbildungabsolventinnen haben Spaß an ihrer Arbeit - Frauen ohne Ausbildung bezeichnen sie hingegen häufiger als notwendig. Dies bestätigt die Feststellung, daß gerade berufslose Migrantinnen auf einen (zusätzlichen) Verdienst, zur Sicherung des Familieneinkommens angewiesen sind, während Spaß an ihrer zukünftigen Arbeit bei der Berufswahl der weiblichen Fachkräfte überaus wichtig war. *Migrantinnen mit Kindern, und diese finden sich überproportional bei den berufslosen Frauen, übernehmen die typischerweise den ausländischen Männern zugeschriebene Rolle als Familienernährer zumindest (anteilig) mit sowie die damit verbundene Verantwortung und Belastung.*

Tabelle : Berufstätige: Arbeitszufriedenheit (n = 1126)in %

	Alle Berufstätigen		Ausbildungs-absolventen		Rest	
	w	m	w	m	w	m
macht richtig Spaß	40,4	31,1	56,7	46,9	33,6	26,4
ist ziemlich gut	31,3	32,9	34,9	38,7	30,7	31,3
ist notwendig	25,3	30,8	8,3	12,8	30,8	36,3
fällt schwer	-	1,9	-	1,2	-	2,3
besser heute als morgen aufhören	30,0	3,3	-	0,4	4,8	4,0
	100	100	100	100	100	100

Quelle: Bundesinstitut für Berufsbildung, Repräsentativerhebung 1988/89

Die Arbeitszufriedenheit steht mit der Einschätzung des eigenen Arbeitsplatzrisikos in engem Zusammenhang. Qualifizierte Arbeitskräfte gehen von einem geringeren Arbeitsplatzrisiko aus; Ausbildungsabsolventinnen sind optimistischer als ihre männlichen Arbeitskollegen (Vgl. Tabelle 28 im Anhang). Die eigene Arbeitszufriedenheit äußert sich auch beim Vergleich mit der Beschäftigungsituation deutscher Kollegen. Ausbildungsabsolventen wollen äußerst selten, Frauen fast nie (5 %) den Arbeitsplatz tauschen (m.: 8 %). Sie sind mit ihrer jetzigen Situation zufrieden, haben bereits die gleichen Arbeitsbedingungen wie deutsche Kollegen und sehen somit keinen Anlaß zum Tausch. Die Mehrheit der berufslosen Migranten hält einen Arbeitsplatztausch für unnötig. Allerdings haben sie häufiger das Gefühl von mangelnden Chanchen: 21 % der Frauen und 28 % der Männer befürworten einen Wechsel des Arbeitsplatzes. Hierbei spielen finanzielle Aspekte, wie die höhere Bezahlung und bessere Arbeitsbedingungen der deutschen Kollegen die wichtigste Rolle.

Die Erwerbstätigkeit der Mütter unterstützt den beruflichen Werdegang der Töchter: Töchter, deren Mütter nicht erwerbstätig sind, sind ebenfalls häufiger nicht berufstätig (50 %); auch die arbeitslosen jungen Frauen haben relativ häufig Mütter, die nicht erwerbstätig sind (46 %). Bei den anderen weiblichen Befragten nehmen die Mütter stärker am Erwerbsprozeß teil: Von den berufstätigen Töchtern sind nur 36 % der Mütter Hausfrauen. Ähnliches gilt für die Auszubildenden (41 %) bzw. für die jungen Frauen, die ihre Ausbildung bereits abgeschlossen haben (32 %). Besonders hoch ist der Anteil der erwerbstätigen Mütter bei den Studentinnen. Die Erwerbsbeteiligung der Mutter wirkt sich auf den Schulerfolg der Tochter positiv aus: Von den Hauptschulabsolventinnen sind 39 % der Mütter Hausfrauen, etwas seltener bei den Realschulabsolventinnen (34 %) und insbesondere bei den Abiturientinnen (23 %).

Die berufliche Position der Mutter im Beschäftigungssystem hat hingegen einen geringeren Einfluß auf die Erwerbsbeteiligung der Töchter; es existieren nur tendenzielle Unterschiede: 84 % der Töchter, die nicht erwerbstätig sind, haben Mütter, die als ungelernte Arbeitskräfte beschäftigt sind - 75 % sind es bei den berufstätigen bzw. 77 % bei den arbeitslosen jungen Frauen.

Vergleichbares gilt für Auszubildende (71 %) bzw. Ausbildungsabsolventinnen (66 %). Die Studentinnen hingegen haben deutlich seltener Mütter, die im Un bzw. Angelerntenbereich beschäftigt sind (50 %) - sie arbeiten mehr als andere Mütter im Familienbetrieb mit (18 %).

Die jungen Männer, deren Väter in der Bundesrepublik berufstätig sind, arbeiten fast so häufig wie ihre Väter als un- oder angelernte Arbeitskräfte (57 % zu 69 %) und etwas häufiger als Facharbeiter bzw. als Angestellte. *Im Generationenvergleich ist es den jungen Männern, obwohl sie in der Bundesrepublik aufgewachsen sind und zum Teil hier die Schule besucht haben, kaum gelungen, wesentlich bessere berufliche Positionen zu erreichen als ihre Väter.* Der direkte Vergleich der beruflichen Position der Väter mit der ihrer Söhne ergibt, daß zwei Drittel der Söhne, deren Väter als ungelernte Arbeitskräfte beschäftigt sind, in eben dieser Stellung arbeiten. Lediglich einem Drittel gelingt ein sozialer Aufstieg: 25 % sind Facharbeiter und 8 % Angestellte.

Bei den Familien, in denen die Väter als Facharbeiter berufstätig sind, sieht die Situation anders aus: Die Hälfte der Söhne sind wieder Facharbeiter, 13 % Angestellte - 37 % der Söhne arbeiten jedoch als ungelernte Arbeitskräfte.

Im intergenerativen Vergleich zwischen Vätern und Söhnen findet soziale Mobilität in beide Richtungen statt.

Die berufstätigen Töchter haben im Vergleich zu ihren Vätern eine bedeutende vertikale Mobilität vollzogen: Sie sind deutlich seltener als un- bzw. angelernte Kräfte (48 % zu 71 %), genauso als Facharbeiterinnen (21 % zu 22 %) und deutlich häufiger als Angestellte (31 % zu 7 %) beschäftigt.

Die soziale Mobilität der jungen Migrantinnen ist beachtlich: Aufstiegsprozesse finden bei über einem Drittel der jungen Frauen statt, deren Väter un- bzw. angelernte Tätigkeiten ausüben (Facharb. 11 %; Angestellte 27 %). Abstiegsprozesse gibt es bei ihnen hingegen seltener als bei den jungen Männern: Nur 15 % der Töchter, deren Väter Facharbeiterberufe ausüben, sind als ungelernte Kräfte beschäftigt; die Mehrheit ist ihrerseits Facharbeiterin (32 %) oder Angestellte (54 %).

Den erwerbstätigen Töchtern gelingt im Vergleich zu den Müttern ebenfalls ein sozialer Aufstieg: Sie sind häufiger als ihre Mütter im Angestelltenbereich beschäftigt und seltener als diese als unqualifizierte Arbeitskräfte. Der Anteil der Facharbeiterinnen ist bei der 1. und 2. Migrantinnengeneration weitgehend gleich. *Dies zeigt, daß die jungen Frauen sowohl gegenüber ihren Müttern als auch im Vergleich zu ihren Vätern bessere berufliche Positionen im Erwerbssystem der Bundesrepublik erreichen. Sie erfahren durch die Migrationssituation sozialen Aufstieg.* Dies gelingt den jungen Männern im Verhältnis zu den beruflichen Positionen, die ihre Väter hier erreicht haben, kaum.

Die Unterschichtung des deutschen Arbeitsmarktes in den 60er und 70er Jahren durch Arbeitsmigranten der 1. Generation wiederholt sich durch die Söhne dieser Arbeitnehmer. Die Teilhabe an qualifizierter Berufsarbeit hat sich zwischen der 1. und 2. Generation der männlichen Migranten kaum erhöht. Während die vertikale berufliche Mobilität im Generationenvergleich zwischen jungen Deutschen und ihren Eltern - je nach Schichtzugehörigkeit - gestiegen ist, haben die jungen Migranten an dieser Entwicklung kaum teilhaben können. Sie bleiben damit von gesellschaftlichen Entwicklungen ausgeschlossen. Ähnlich wie deutsche Arbeiterkinder haben die Kinder der ausländischen Arbeitnehmer bei weitem nicht in dem Maße von der Bildungsexpansion profitiert wie deutsche Kinder, deren Familien einer gehobeneren Schicht angehören (Mansel 1993, S. 38).

Die Bildungskarrieren der Migrantenkinder tragen somit typische Merkmale der Entwicklungschancen von Unterschichtskindern. Lediglich von den jungen Frauen wird dieses Muster gelegentlich durchbrochen. Diese mangelnden Chancen der Partizipation sind vor dem Hintergrund der im Vergleichszeitraum deutlich gestiegenen Bemühungen, bessere Bildungsvoraussetzungen und Bildungschancen für alle (deutschen) Kinder zu schaffen, als besonders gravierend einzustufen.

5 Komponenten sozialer Integration

5.1 Sprache und Sprachkompetenz

Eine der wesentlichsten Voraussetzungen sich in eine fremde Gesellschaft zu integrieren und sich mit deren Kultur auseinanderzusetzen, ist die Fähigkeit, deren Sprache zu beherrschen. Sprachkompetenz erworben zu haben, heißt aber nicht nur, daß ein Individuum die Sprache des jeweiligen Landes versteht und spricht, sondern daß es auch die Sprache in Wort und Schrift beherrscht. So definiert, kann von einer insgesamt höheren Sprachkompetenz der jungen Ausländerinnen im Vergleich zu den jungen Ausländern ausgegangen werden. In der Selbsteinschätzung attestieren sich die Ausländerinnen, vor allem im schriftlichen Bereich signifikant häufiger als die männlichen Ausländer gute Kenntnisse: 72 % der Mädchen und jungen Frauen, aber nur 61 % der Jungen und jungen Männer sind der Meinung, eine gute deutsche Schriftsprachkompetenz zu haben.

Insgesamt betrachtet, geben sich die jungen Ausländerinnen und Ausländer bessere Noten für ihre mündliche Sprachkompetenz. Das Verstehen und Sprechen der deutschen Sprache, fällt ihnen offenbar deutlich leichter, als das Schreiben und Lesen. Auch hier, schätzen die jungen Frauen aber ihre Kompetenz höher ein, als die jungen Männer.

Tabelle: Selbsteinschätzung der Deutschkenntnisse (Note: gut) in % Zeile

	verstehen	sprechen	schreiben	lesen
m	82,1	76,5	61,3	67,2
w	86,4	81,2	71,8	77,3

Quelle: BIBB, Repräsentativerhebung 1988/89

Im Hinblick auf die verbale Deutschsprachkompetenz der Jugendlichen, wurde der Interviewer ebenfalls um seine Einschätzung gebeten. Der Eindruck der Interviewer von den Deutschkenntnissen der befragten Jugendlichen, bestätigt die Selbsteinschätzung der Mädchen und jungen Frauen. 59 % der Interviewer beurteilen die Deutschkenntnisse der weiblichen Jugendlichen mit "sehr gut".

Den männlichen Jugendlichen bescheinigten nur 46 % der Interviewer sehr gute Deutschkenntnisse.

Die Beherrschung der deutschen Sprache hängt allerdings stark vom Einreisealter der Befragten ab. Je später die jungen Ausländerinnen und Ausländer in die Bundesrepublik Deutschland eingereist sind, desto niedriger ist der Grad der Sprachbeherrschung, da mit höherem Einreisealter auch systematischer schulischer Spracherwerb eine immer geringere Rolle spielt. Auch hier gilt, daß die jungen Frauen insgesamt positiver abschneiden, als die jungen Männer.

Nach Meinung des Interviewers, haben von den bis zum 3. Lebensjahr eingereisten Mädchen, 74 % gute Deutschkenntnisse. Bei den Jungen zählen hierzu nur 64 %. Bis zum Einreisealter von zehn Jahren, nehmen die Deutschkenntnisse der weiblichen Befragten nur wenig ab (65 %). Ein eklatanter Bruch ist dann ab dem 11. Lebensjahr zu verzeichnen. Hier meinten die Interviewer, hätte etwa nur noch ein Drittel gute Deutschkenntnisse. Betrachtet man dagegen die jungen Männer, so läßt sich ein kontinuierliches Absinken der Sprachkompetenz bei jedem Altersintervall feststellen. Die höhere sprachliche Kompetenz der früheingereisten Migranten, hängt damit zusammen, daß sie hier häufiger und vor allem länger die allgemeinbildende Schule besucht und somit systematischen Sprachgebrauch erlernt haben.

Auch bei der Betrachtung der verschiedenen Nationalitäten, bleibt die Tatsache bestehen, daß die jungen Frauen im Vergleich zu den jungen Männern bessere Ergebnisse erzielen. Innerhalb der Nationalitäten, gaben die Interviewer den jungen Türkinnen und Türken die schlechteste Note für ihre Deutschkenntnisse.

Tabelle: Interviewereinschätzung der Deutschkenntnisse

	sehr gut	gut	mittel	schlecht	n = 100 %
m	45,7	31,5	17,5	5,3	1876
w	58,6	26,8	10,2	4,4	1501

Quelle: BIBB, Repräsentativerhebung 1988/89

Die Jugendlichen wurden auch danach gefragt, in welchem Maß sie die Sprache der Eltern beherrschen.

Tabelle: Selbsteinschätzung der Sprache der Eltern (Note gut) in %-Zeile

	verstehen	sprechen	schreiben	lesen
m	86,5	81,2	61,2	66,2
w	84,5	78,7	64,6	69,3

Quelle: BIBB, Repräsentativerhebung 1988/89

Interessant ist, daß es zwar keine Unterschiede in den Einschätzungen zwischen weiblichen und männlichen Jugendlichen gibt, daß aber ein Gefälle vom Verstehen über das Sprechen, bis hin zum Lesen und Schreiben der elterlichen Sprache festzustellen ist. Während die Jugendlichen mit über 80 % der Meinung sind, die Elternsprache gut verstehen zu können, glauben nur noch 65 % der Mädchen und jungen Frauen, bzw. 61 % der Jungen und jungen Männer, daß sie auch gute Schreibkenntnisse besitzen. Vor dem Hintergrund des frühen Einreisealters eines Großteils der Befragten, die somit meist ausschließlich in der Bundesrepbulik zur Schule gegangen sind, ist die hohe muttersprachliche Kompetenz verwunderlich, zumal diese in der Regel nicht in der allgemeinbildenden Schule erworben werden konnte. Fast 60 % der Jugendlichen geben an, in der Familie überwiegend die Muttersprache zu sprechen. Ein Viertel der Jugendlichen spricht zu Hause sowohl die Muttersprache, als auch Deutsch.

Jeweils 16 % der männlichen und der weiblichen Befragten sprechen innerhalb der Familie überwiegend Deutsch. D.h. 60 % haben nur dann Gelegenheit Deutsch zu sprechen, wenn sie den häuslichen Bezugsrahmen verlassen.

Tabelle: Sprache in der Familie in %-Zeile

	überwiegend Deutsch	überwiegend Sprache der Eltern	teils/teils	n = 100
m	15,5	59,2	25,3	1851
w	16,4	58,9	24,7	1491

Mehrfachnennungen
Quelle: BIBB, Repräsentativerhebung 1988/89

Wenn die Familie nur relativ selten der Ort ist, wo Deutsch gesprochen wird, so verwundert es auch nicht, daß nur wenige Jugendliche angeben, (w.: 15,0 %; m.: 14 %), die deutsche Sprache von ihren Eltern gelernt zu haben. Die Frage, wie sie Deutsch gelernt hätten, beantworteten die weiblichen und männlichen Jugendlichen im wesentlichen übereinstimmend: Etwa 70 % aller Befragten haben in der Schule - bei möglichen Mehrfachnennungen - Deutsch gelernt.

In den Familien, wo junge Ausländer einen deutschen Ehepartner haben, wird mehrheitlich Deutsch gesprochen, wobei Frauen offenbar eher die Familiensprache beeinflussen. In Familien, wo junge Ausländer mit deutschen Frauen verheiratet sind, wird häufiger Deutsch gesprochen. Umgekehrt wird tendenziell häufiger die Muttersprache einer jungen Migrantin gesprochen, auch wenn Sie einen deutschen Ehemann hat.

Tabelle: Verheiratet mit Deutschen nach Geschlecht/ Familiensprache

	überwiegend Deutsch	überwiegend Muttersprache	teils/teils	n = 100 %
m	78,9	7,5	13,6	69
w	60,5	24,8	14,7	73

Quelle: BIBB, Repräsentativerhebung 1988/89

Insgesamt betrachtet ist die Sprachkompetenz in den letzten zehn Jahren deutlich gestiegen. Gaben 1979/80 nur 50 % der jungen Frauen und 59 % der jungen Männer an, die deutsche Sprache gut zu beherrschen, so waren es zehn Jahre später 89 % der Frauen und 83 % der Männer, die angaben, gut Deutsch zu können[16]. Diese Steigerung der Beherrschung der deutschen Sprache zeigt sich in allen Kompetenzbereichen. Dabei ist auch festzustellen, daß der Lernfortschritt der weiblichen Befragten sowohl in der mündlichen als auch in der schriftlichen Sprachbeherrschung deutlich größer ist als der der männlichen Befragten und dies, obwohl sie im Vergleich zu den jungen Männern deutlich seltener Kontakte zu Deutschen in der Freizeit haben. Der

16 Vgl. U. Hecker, Ausländische Jugendliche in Ausbildung und Beruf. Eine Untersuchung zur Situation der zweiten Generation in der Bundesrepbulik Deutschland, Berichte zur beruflichen Bildung, Heft 70, S. 25; die Angaben beziehen sich auf Befragte bis zum Alter von 25 Jahren.

größere Lernfortschritt der ausländischen Mädchen und Frauen wird somit seltener durch einen ungesteuerten Sprachlernprozeß im Freizeitbereich unterstützt. Im Vergleich zu den männlichen Befragten hat somit der systematische Spracherwerb in der Schule bei den Migrantinnen einen höheren Stellenwert.

Zusammenfassend ist festzustellen, daß Ende der 80er Jahre ein wesentliche Voraussetzung für soziale und berufliche Integrationsprozesse, die auch eine über Sprache vermittelte Auseinandersetzung mit der "fremden" Kultur einschließt, bei der überwältigenden Mehrheit der jungen Migrantinnen gegeben ist.

5.2 Freizeit und Freizeitverhalten

In der Einleitung ist darauf hingewiesen worden, daß sich die Jugendphase in der deutschen Gesellschaft im Gegensatz zu früher, verlängert habe. Die hier untersuchten Jugendlichen kommen aber zum Teil aus Ländern und Regionen, in denen eine Jugendphase und damit verbundene Freizeit häufig unbekannt sind. Es stellt sich also die Frage, ob die jungen Ausländerinnen und Ausländer in der Bundesrepublik an einer "Jugendzeit" als Schonraum partizipieren können oder nicht. Im Zusammenhang mit dieser Überlegung sollten die Jugendlichen u.a. Angaben darüber machen, wie sie ihre Freizeit verbringen. Aus den Antworten der befragten Jugendlichen geht eindeutig hervor, daß sie - ähnlich wie die deutschen Jugendlichen - eine eigenständige Jugendphase durchleben können. Beschäftigungen während der Freizeit, die eher wenig Spaß und Eigennutzen versprechen, wie Hausarbeit, Kinderbetreuung und Familie, wurden von den jungen Ausländerinnen und Ausländern nur selten genannt. Die Art und Weise, wie die weiblichen und männlichen Jugendlichen ihre Freizeit verbringen, ist allerdings unterschiedlich.

Tabelle: Rangfolge der sieben häufigsten Freizeitaktivitäten (n = 3138)

Freizeitaktivitäten	w	m
Lesen	1	3
Freunde	2	2
Sport	3	1
Musik	4	7
Unterhalten	5	5
Gaststätte	-	4
Handarbeiten	6	-
Fernsehen	7	-
Hobbies	-	6

Quelle: BIBB, Repräsentativerhebung 1988/89

Aus einer Auflistung der sieben häufigsten Freizeitaktivitäten wird ersichtlich, daß die Mädchen und jungen Frauen - abgesehen vom Sport - ihre Freizeit überwiegend im häuslichen Bereich verbringen, mit Tätigkeiten also, die die Kontaktaufnahme zu anderen Menschen, also auch zu deutschen Jugendlichen, erschweren. Die Freizeitaktivitäten der ausländischen Jungen und jungen Männer sind dagegen mehr nach außen gerichtet. Sie treiben z.B. doppelt so häufig wie die Mädchen und jungen Frauen Sport (m.: 39 %; w.: 17 %) und lesen dafür sehr viel seltener (m.: 14 %; w.: 29 %). 32 % der jungen Männer, aber nur 17 % der jungen Frauen sind Mitglied in einem Verein oder einer Jugendgruppe. Etwa die Hälfte der jungen Männer, die Vereinsmitglieder sind, geben an, daß in ihrem Verein überwiegend Deutsche seien. Auch hier ergibt sich also eine Gelegenheit zur Kontaktaufnahme mit deutschen Jugendlichen, die von der Mehrheit der jungen Ausländerinnen nicht wahrgenommen werden kann (m.: 31 %; w.: 17 %).

Offen bleibt bei der Interpretation der Daten, ob die Intessen der jungen Ausländerinnen anders sind, als die der jungen Männer, oder ob eine größere Anbindung der Mädchen an den häuslichen Bereich bedingt, daß von ihnen auch nur bestimmte Freizeitaktivitäten wahrgenommen werden können.

Nimmt man die Elternbefragung im Hinblick auf diese Thematik zu Hilfe, so wird deutlich, daß es sowohl zwischen den verschiedenen Nationalitäten, als auch nach dem Geschlecht große Abweichungen gibt. Die folgende Tabelle zeigt, daß die stärker nach "innen" gerichteten Freizeitaktivitäten der Mädchen und jungen Frauen, weitgehend mit den Erziehungsvorstellungen der Eltern zusammenhängen:

Tabelle: Eltern: Aktivitäten, die sie ihrer Tochter bzw. ihrem Sohn erlauben - in % -

	Töchter (n = 630)			Söhne (n = 773)		
Aktivitäten	Italienerin	Türkin	restliche Nationalitäten	Italiener	Türken	restliche Nationalitäten
ins Kino gehen	70,7	44,5	76,4	92,8	90,1	95,9
Schwimmen gehen	82,5	53,3	83,8	94,8	93,6	95,9
Tanzen gehen	47,8	17.6	52,7	77,2	66,2	78,9
zu einer Party gehen	48,1	29,4	64,9	78,0	69,6	84,8
Freund(in) haben	54,3	25,4	52,0	80,6	65,3	80,7
deutschen Freund(in)	56,2	17,2	52,0	79,1	51,5	69,6
Kleidung wie Deutsche	91,8	63,2	88,5	90,1	70,3	94,7
deutsche(n) Ehefrau(mann)	63,9	17,2	60,1	66,2	39,2	66,7
Klassenreise mit Übernachtung	83,4	56,6	81,8	92,9	91,1	91,2

Quelle: BIBB Elternbefragung 1988/89

Durchgehend für alle Freizeitaktivitäten, gestehen die Eltern den Söhnen wesentlich mehr Freiheiten zu, als den Töchtern. Betrachtet man dieselbe Frage nun unter nationalitätenspezifischem Aspekt, so zeigt sich zudem, daß die jungen Türkeninnen und Türken, die Gruppe unter den Jugendlichen ist, der am wenigsten von den Eltern erlaubt wird. Noch größere Differenzen sind bei den Türken in geschlechtsspezifischer Hinsicht zu beobachten. Die "Bewegungsfreiheit" der jungen Türkinnen ist im Gegensatz zu der der männlichen Türken drastisch eingeschränkt. Ähnliches gilt - in abgeschwächter Form - für die jungen Italienerinnen.

Danach gefragt, mit wem die jungen Ausländerinnen überwiegend ihre Freizeit verbringen, nannten sie in erster Linie Partner, Eltern und Freunde/ Freundinnen. Der gravierende Unterschied besteht darin, daß die jungen Ausländerinnen fast doppelt so häufig mit den Eltern (w. = 27, %; m. = 15 %) bzw. entsprechend ihren weiter oben beschriebenen Interessen, in Anwesenheit der Eltern ihre Freizeit verbringen. Im Gegensatz dazu, sind die jungen Ausländer in ihrer Freizeit häufiger mit ihren Freunden zusammen.

Tabelle: Mit wem wird die Freizeit verbracht?
Nach Geschlecht (n = 3407) in % (Mehrfachnennungen)

Freizeit verbracht mit wem	Geschlecht		
	m	w	insg.
allein	3,4	4,4	3,8
mit Eltern	14,9	27,1	32,3
mit Partnern/Ehepartnern	32,7	35,3	33,9
mit Freunden	48,0	24,6	37,3
mit Freundinnen	10,0	25,4	16,8
mit Clique	15,7	11,5	13,7
mit Kollegen/Mitschülern	9,8	10,4	10,0
keine Freizeit	2,6	2,5	2,6

Quelle: BIBB, Repräsentativerhebung 1988/89

Die Ergebnisse der Untersuchung belegen demnach, daß ein Teil der ausländischen Jugendlichen eine *eigenständige Jugendphase durchleben* und damit ein Aspekt der Partizipationsmöglichkeiten junger Ausländer an den Bedingungen der deutschen Lebenswelt gegeben ist. Die jungen Ausländerinnen und Ausländer nutzen, ähnlich wie die deutschen Jugendlichen, die vorhandenen Freizeitmöglichkeiten. Die Jugendphase in Deutschland bringt einem Teil der jungen Migrantinnen mehr Handlungsspielräume als im Herkunftsland, außerdem fühlen sich viele der jungen Frauen und Männer hier freier. Das Alter der jungen Migrantinnen und Migranten, in welchem sie sich noch in der Qualifizierungsphase befinden, ist in den letzten Jahren erheblich gestiegen und deutet seinerseits ebenfalls auf eine Verlängerung der Jugendphase hin (vgl. Kap. 3).

Für die Jugendlichen insgesamt spielt - was die Freizeitgestaltung angeht - die peer-group die größte Rolle.

Die peer-group ebenso wie ihre Freunde, sind überwiegend Angehörige der eigenen Nationalität. Knapp 2/3 der Befragten geben an, ihre Freizeit mit Menschen ihrer Nationalität zu verbringen. Weit weniger - etwa 40 % - sind in ihrer Freizeit auch mit jungen Deutschen zusammen.

Unterschieden nach den Nationalitäten, fällt auf, daß die Gruppe der türkischen Jugendlichen - ohne geschlechtsspezifische Unterschiede - ganz besonders häufig Freizeitkontakte innerhalb der eigenen Nationalität findet (T.: 75 %). Im Zusammenhang mit den Erziehungskriterien der Eltern, haben vor allem die türkischen Jugendlichen seltener, deutsche Freunde oder Freundinnen.

Tabelle: Nationalität der Freizeitpartner nach Geschlecht (n = 3407) in % (Mehrfachnennungen)

Nationalitität der Freizeitpartner	Geschlecht m	w	insg.
eigene Nationalität	65,4	63,8	64,7
andere Nationalität	15,9	17,6	16,7
Deutsche	39,9	41,3	40,6
keine Freizeitpartner	1,8	1,2	1,6

Quelle: BIBB, Repräsentativerhebung 1988/89

Die stärker nach "innen" gerichteten Freizeitbeschäftigungen der Mädchen, schränken ihre Kontaktmöglichkeiten zu Jugendlichen der eigenen Nationalität und zu deutschen Jugendlichen ein. Bei der Frage danach, wo die Mädchen deutsche Freunde/-innen (bzw. ihre deutsche Peer-group) finden, zeigte sich, daß es vor allem Schülerinnen, Hochschülerinnen und Auszubildende sind, die neben Kontakten zur eigenen Nationalität auch deutsche Freizeitpartner haben. D.h. dort, wo quasi Kontakte zu Deutschen institutionalisierten Charakter haben, werden häufiger deutsche Freizeitpartner gefunden. Insbesondere die Schülerinnen geben überproportional Kontakte zu Deutschen an. Deutlich unterproportional dagegen sind die Kontakte zu Deutschen bei den erwerbstätigen jungen Frauen und bei den Nicht-Berufstätigen. Die jungen Frauen, die erwerbstätig sind, sind vor allem mit Freundinnen und Freunden der eigenen Nationalität zusammen. D.h. Voraussetzungen sozialer Integration, sind für die jungen Frauen eher im Schul-, Hochschul- und Ausbildungsbereich und weniger im Erwerbsleben gegeben. Im Gegensatz dazu fördert bei den jungen Männern vor allem die Berufstätigkeit Kontakte zu jungen Deutschen.

Tabelle: Freizeitpartner und Berufsstatus nach Geschlecht (n = 3407) in % (Mehrfachnennungen)

Status	Freizeitpartner							
	insges.		eigene Nationalität		Deutsche		andere Nation	
	m	w	m	w	m	w	m	w
Schulausbildung	15,5	24,9	12,3	22,2	20,3	32,3	20,9	32,4
Berufsfachschule	2,9	4,2	2,8	2,8	3,0	5,3	4,4	6,0
BVJ, BGJ	3,4	4,3	3,4	4,3	2,1	3,3	1,5	2,7
duale Berufsausbildung	10,3	9,8	10,2	10,0	12,8	12,1	13,7	7,0
berufstätig	45,7	25,7	49,0	30,0	42,4	19,5	36,8	19,4
arbeitslos	12,8	6,4	14,3	7,6	8,2	3,3	9,6	3,6
Hochschule	8,1	9,9	6,6	5,6	10,6	15,1	12,0	17,3
nicht berufstätig	1,2	14,7	1,5	17,4	0,7	9,0	1,2	11,6

Quelle: BIBB, Repräsentativerhebung 1988/89

Ein Blick auf die Zusammensetzung der von den ausländischen Jugendlichen besuchten Schulklassen zeigt, daß über 80 % gemischtnationale Klassen besuchen und bestätigt damit ebenfalls die Annahme, daß die Kontaktaufnahme zu deutschen Jugendlichen nicht unbedingt aufgrund eigener Initiative geschieht, sondern eher sich bietende Gelegenheiten genutzt werden. Wie bereits erwähnt, nehmen vor allem ausländische Mädchen in ihrem schulischen Umfeld Kontakte zu deutschen Mitschülern wahr. Betrachtet man dagegen die erwerbstätigen jungen Ausländerinnen, so ist festzustellen, daß etwa 1/3 der jungen Frauen und nur 1/4 der jungen Männer in Klein- und Kleinstbetrieben beschäftigt sind, damit also die Möglichkeiten dort deutsche Freizeitpartner zu finden, insbesondere für die jungen Frauen sehr begrenzt sind. Für die jungen Ausländerinnen, die in Großbetrieben mit einer überwiegend deutschen Kollegenschaft arbeiten und die dennoch nicht die vorhandenen Möglichkeiten zur Kontaktaufnahme nutzen wollen oder können, können nur Vermutungen angestellt werden. Es könnte sein, daß das höhere Alter und der damit verbundene Familienstatus eine Rolle spielt, indem die jungen Frauen bereits eine eigene Familie haben und aufgrund ihrer Doppelbelastung keine Zeit für eine eigene oder individuelle Freizeitgestaltung haben.

Die jungen Ausländerinnen und Ausländer sollten sich im Rahmen der Erhebung auch dazu äußern, wo für sie das größte Konfliktpotential zwischen ihnen und ihren Eltern liegt. Die Konflikte zwischen den Generationen sind - wie die folgende Tabelle zeigt - mit einer Ausnahme bei allen abgefragten Items zu beobachten. Wie weiter oben bereits dargestellt, ist der Freizeitbereich für Eltern und Jugendliche offenbar sehr problematisch. Auffällig ist, daß die Mädchen im gleichen Maße wie die Jungen, anderer Meinung sind als ihre Eltern. In einem Punkt herrscht aber große Übereinstimmung: nämlich im schulischen bzw. beruflichen Bereich.

Tabelle: Übereinstimmung mit den Ansichten der Eltern in %-Zeile

	Politik öffentl. Angelegenheiten	Probleme: Arbeit/ Beruf/ Schule	Religiöse Fragen	Nationalität des festen Partners/ Partnerin	Umgang mit deutschen Freunden	Umgang mit Freunden der eigenen Nationalität	n = 100 %
m	38,2	61,7	42,1	30,2	35,2	42,6	1751
w	31,5	63,3	50,9	36,4	33,2	44,4	1397

Mehrfachnennungen

BIBB, Repräsentativerhebung 1988/89

Zusammenfassend bleibt festzuhalten, daß die jungen Frauen in ihrer Freizeit nach wie vor - im Vergleich zu den jungen Männern - eingeschränkt sind. Diese Einschränkungen gelten vor allem für die jungen Türkinnen, etwas weniger ausgeprägt auch für die jungen Italienerinnen. Im schulischen und beruflichen Bereich dagegen, hat sich in den letzten zehn Jahren viel bewegt. Hier streben Eltern wie Jugendliche - unabhängig von der Nationalität und dem Geschlecht gleiche Bedingungen an. Die Eltern unterstützen sowohl die Töchter als auch die Söhne darin, einen qualifizierten Schulabschluß bzw. eine qualifizierte Berufsausbildung zu erhalten.

5.3 Wertvorstellungen

Das Maß an Übereinstimmung von gesellschaftlichen Normen und individuellen Lebensvorstellungen ist ein Gradmesser für die Integration eines Individuums in die Gesellschaft, in der es lebt. Dies gilt für deutsche wie für ausländische Jugendliche. In der vorliegenden Untersuchung wurden den jungen Ausländerinnen und Ausländern deshalb auch einige Fragen im Hinblick auf ihre Wertvorstellungen und Lebensperspektiven gestellt.

Bei einer Frage, die fast dreißig Items umfaßte, sollten die Jugendlichen und jungen Erwachsenen für die verschiedenen Dinge des Lebens Noten von 1 bis 6 vergeben.

Tabelle: Rangfolge der Durchschnittsnote in %

männlich			weiblich		
1.	Geld, Essen	1,7	1.	Treue	1,7
2.	Freunde/Familie Urlaub sich was leisten	1,9	2.	Kleidung Familie	1,8
3.	Kleidung, Arbeit, Treue	2,0	3.	Essen, Freunde	1,9
4.	sich unterhalten	2,1	4.	Berufsausbildung Geld, sich unterhalten	2,0
5.	Berufsausbildung Sport	2,2	5.	Arbeit	2,1
6.	Freundin	2,4	6.	Freund	2,2
7.	TV/Auto, Vaterland	2,5	7.	Vaterland	2,4
8.	Lesen/Schule	3,0	8.	Lesen	2,5
9.	Video	3,1	9.	Schule	2,6
10.	Kino/Glaube	3,2	10.	TV	2,7
11.	Disco	3,4	11.	Sport	3,8
12.	Computer	3,6	12.	Glaube	3,1
13.	Zeitschriften/Musik	3,8	13.	Kino	3,2
14.	politische Betätigung	4,2	14.	Auto	3,4
			15.	Video/Zeitschriften Musik	3,7
			16.	Disco	3,8
			17.	Computer, politische Betätigung	4,3

Quelle: BIBB, Repräsentativerhebung 1988/89

Die Durchschnittsnote zeigt, daß die jungen Ausländerinnnen einerseits ideelle Werte in den Vordergrund ihrer Lebensplanung stellen, andererseits aber auch die materiellen Aspekte zunehmend für sie an Bedeutung gewinnen: So nehmen die Treue zum Partner und die Familie ebenso wie gutes Essen und Kleidung die ersten Plätze in der Rangfolge ein. Die 4. und 5. Stelle nehmen Berufsausbildung und Arbeit, Geld verdienen und sich-was-leisten-können ein. Hieraus ist abzulesen, daß die Lebensentwürfe der jungen Ausländerinnen dahingehen, Berufstätigkeit und Familie miteinander zu vereinbaren. Auch in der Tatsache, daß der Glaube erst an 12. Stelle rangiert, ist ein Hinweis darauf zu sehen, daß die Mädchen und jungen Frauen zunehmend losgelöst von traditionellen Werten eigene Wege zu gehen beabsichtigen. Was die Bewertung der Begriffe in der Rangfolge angeht, so sind die Wertmaßstäbe der jungen Männer nicht gravierend anders als die der jungen Frauen. Signifikante Abweichungen ergeben sich bei den männlichen Jugendlichen nur in der Bewertung der Rolle, die Geld für sie spielt: Geld ist der wichtigste Begriff in ihrem Wertesystem. Im Zusammenhang damit, will man sich in 2. Linie auch im Leben etwas leisten können. Die jungen ausländischen Männer sehen sich offensichtlich - ähnlich wie junge Deutsche -immer noch in der Rolle des Mannes als "Haupternährer" der Familie. Bei den männlichen Jugendlichen steht - im Gegensatz zu den weiblichen Jugendlichen - die Berufsausbildung nicht in dem selben Maße im Vordergrund. Eventuell läßt sich dies auch als ein tendenziell höherer Bildungsanspruch der jungen Ausländerinnen interpretieren. Ein weiterer Aspekt, den die männlichen Jugendlichen nicht so wichtig finden wie die weiblichen Jugendlichen, ist die Treue. Bei den Begriffen Vaterland und politische Betätigung, sind sich die Geschlechter einig. Das Vaterland steht in ihrer Wertschätzung immer noch höher als eine politische Betätigung. Für den Teil der Befragten (ca. 20 %), die sich mittlerweile als Deutsche fühlen, dürfte die Einstellung zum Begriff "Vaterland" sicherlich problematisch sein. Die Bereitschaft (und die Möglichkeit), sich politisch zu engagieren ist offenbar sehr gering, sie rangiert an letzter Stelle. Darin unterscheiden sich die ausländischen nicht von den deutschen Jugendlichen.

Mit der Vergabe folgender Statements sollten ebenfalls Einstellungs- und Wertemuster der ausländischen Jugendlichen abgefragt werden:

1. Menschen wie ich fühlen sich heutzutage häufig allein und von der restlichen Gesellschaft ausgeschlossen.
2. Für Kinder ist es das beste, wenn die Mutter zu Hause bleibt und sich um sie kümmert.
3. Hausarbeit ist gleich wichtig für Männer und Frauen.
4. Erst wenn man Kinder hat, ist die Familie richtig vollständig.
5. Für eine Frau ist es sehr wichtig, daß sie einen Beruf erlernt und eigenes Geld verdient.

Zu 1.

Das Gefühl, daß man sich aus der Gesellschaft ausgeschlossen fühlt, haben weder die weiblichen noch die männlichen Jugendlichen. Fast jeweils 90 % gaben an, daß dieses Statement nicht zutreffen würde. In der Selbsteinschätzung des eigenen Standorts innerhalb der Gesellschaft erscheint es bemerkenswert, daß sich offenbar auch die ausländichen Mädchen und jungen Frauen als Mitglieder der Gesellschaft fühlen. Dieses Ergebnis gilt auch dann, wenn man die Daten nach dem Status untersucht. Selbst die "nichtberufstätigen jungen Frauen" fühlen sich nicht stärker aus der Gesellschaft ausgeschlossen. Naturgemäß fühlen sich dagegen die Arbeitslosen häufiger aus der Gesellschaft ausgegrenzt. So empfinden die jungen Frauen und Männer gleichermaßen.

Zu 2.

Ein hoher Prozentsatz der weiblichen und männlichen Befragten ist der Meinung, daß es für die Kinder das Beste sei, wenn die Mutter zu Hause ist. Die jungen Männer waren allerdings tendenziell etwas häufiger dieser Ansicht (82 %), als die jungen Frauen (75, %). Differenziert nach dem Status, zeigt sich erwartungsgemäß, daß im Gegensatz zu ihren männlichen Altersgenossen, vor allem die Hochschülerinnen, die Schülerinnen aber auch die arbeitslosen jungen Frauen diesem Statement gegenüber kritisch eingestellt sind.

Zu 3.

Der Stellenwert der Hausarbeit ist für Männer und Frauen nicht gleich wichtig. Immerhin ist ein Großteil der jungen Männer - nämlich 61, % - der Meinung, Männer sollten sich an der Hausarbeit beteiligen; die jungen Ausländerinnen haben aber signifikant häufiger die Vorstellung, die häusliche Arbeit zwischen Mann und Frau aufzuteilen (82 %). Besonders kraß sind die Unterschiede zwischen männlichen und weiblichen Befragten, bei den Arbeitslosen und den Jugendlichen, die sich im BVJ oder BGJ befinden und an 2. Stelle bei den Nicht-Berufstätigen. Am stärksten und ohne Unterschiede zwischen männlichen und weiblichen Befragten, befürworten die Hochschüler eine arbeitsteilige Partnerschaft.

Zu 4.

Im wesentlichen sind sich die jungen Frauen und jungen Männer beim folgenden Thema einig: 68 % der jungen Frauen und 73 % der jungen Männer meinen, daß Kinder zum Familienglück gehören. Differenziert man nach dem Status, so zeigt sich, daß innerhalb der Gruppe der weiblichen Befragten, vor allem die "Nicht-Berufstätigen" (84 %) betonen, erst Kinder würden eine Familie vervollständigen. Auch die jungen Mädchen - die Schülerinnen (71 %) - und die arbeitslosen jungen Frauen (72 %), stimmen dieser Ansicht in hohem Maße zu. Am wenigsten vertreten die Berufsfachschülerinnen diese Meinung (49 %). Bei den Jugendlichen, die eine Berufsfachschule besuchen, sind die geschlechts-spezifischen Unterschiede am größten (w.: 49 %; m.: 72 %). Nicht-berufstätige junge Männer meinen häufiger als die jungen Frauen, daß Kinder nicht unbedingt zu einer Familie gehören würden (w.: 83 %; m.: 64 %).

Zu 5.

Die Mädchen und jungen Frauen finden es in einem deutlich stärkeren Maße (82 %) wichtig, daß Frauen einen Beruf erlernen und ihr eigenes Geld verdienen, als die jungen Männer (61 %).

Der Status beeinflußt nicht die Tatsache, daß die jungen Frauen im Vergleich zu den jungen Männern, häufiger eine Berufstätigkeit für sich als etwas sehr wichtiges ansehen. Die nichterwerbstätigen Frauen sehen weniger häufig einen Sinn darin, daß Frauen einen Beruf erlernen und ihr eigenes Geld verdienen sollten.

Tabelle: Positive Antworten auf vorgegebene Statements in % Zeile

	Ausgeschlossen aus der Gesellschaft	Mutter im Haus	Hausarbeit für Männer u. Frauen	Kinder vervollständigen Familie	Beruf u. eigenes Geld f. Frauen	n =
m	16,2	81,7	61,3	73,3	60,5	1865
w	16,3	74,9	82,1	67,9	82,0	1498

Mehrfachnennungen
Quelle: BIBB, Repräsentativerhebung 1988/89

Zusammenfassend läßt sich festhalten, daß sich die jungen Ausländerinnen weder als Frauen noch als Ausländerinnen aus der Gesellschaft ausgeschlossen fühlen und ganz offensichtlich auch ein großer Teil von ihnen in Zukunft die Absicht hat, sich in einem hohen Maße am 'öffentlichen Leben' zu beteiligen, indem sie trotz eigener Familie einer Berufstätigkeit nachgehen möchten.

5.4 Befindlichkeit und Perspektiven

Eine wesentliche Komponente der Lebenssituation junger Ausländerinnen und Ausländer in der Bundesrepublik, ist die Eigenwahrnehmung ihrer Befindlichkeit innerhalb der Aufnahmegesellschaft. Die Jugendlichen sollten deshalb angeben, inwieweit sie sich in der Bundesrepublik wohl- oder unwohlfühlen. Das Gefühl des Wohlbefindens ist bei den Befragten offenbar groß. Die Kategorien "sehr wohl" und "relativ wohl" addiert, ergeben, daß 80 % der Ausländerinnen und Ausländern sich hier wohlfühlen. 22 % fühlen sich eher unwohl. In ihren Empfindungen stimmen die jungen Frauen und Männer überein (Vgl. Tabelle 31 im Anhang).

Signifikante Unterschiede bestehen allerdings zwischen den einzelnen Nationalitäten: Migrantinnen und Migranten türkischer Herkunft fühlen sich weitaus seltener "sehr wohl" als die anderen (t.: 37 %; and. Nat.: 51 %).

Zwischen dem Wohlbefinden und dem Grad der Freiheiten, den die Migranten in der Bundesrepublik genießen, besteht ein Zusammenhang. Über die Hälfte der Befragten meinen, in der Bundesrepublik mehr Freiheiten zu haben. Ungefähr 40 % sehen in dieser Hinsicht keine Unterschiede zwischen ihrem

Heimatland und der Bundesrepublik. Nur ein geringer Prozentsatz der Jugendlichen empfindet hier stärkere Einschränkungen. Die jungen Frauen verfügen so wie die jungen Männer über mehr Freiheiten in der Bundesrepublik. Junge Türkinnen und Türken geben signifikant häufiger als die anderen Befragten an, hier mehr Freiheiten als in ihrem Heimatland zu haben (T.: 61 %; and. Nat.: 44 %). In dieser Frage bestehen demnach keine geschlechts-, sondern nationalitätenspezifische Unterschiede.

Die insgesamt positive Bilanz der Befindlichkeit der Migranten in der deutschen Gesellschaft wird zusätzlich noch durch ihre Angaben über ihre gesundheitliche Verfassung unterstrichen. Über 90 % der jungen Frauen und Männer beurteilen ihren Gesundheitszustand mit "gut" bis "sehr gut".

Das eigene Befinden steht in enger Wechselwirkung mit anderen Fragen der Bildungs- und Lebenssituation. Die Lebenszufriedenheit der Migranten, die vergleichsweise lange in der Bundesrepublik leben und hier die Schule besucht haben, ist höher als die derjenigen, die später einreisen bzw. die Schule nur im Herkunftsland besucht haben. Hierbei bestehen kaum geschlechtsspezifische Unterschiede. Das Wohlbefinden der Abiturientinnen ist stärker ausgeprägt als das der anderen Schulabsolventinnen (w.: Abitur 56 %). Der Abschluß einer Ausbildung erhöht deutlich die Lebenszufriedenheit der jungen Frauen: 57 % von ihnen fühlen sich hier sehr wohl. Der berufliche Status wirkt sich wie bei der Arbeitszufriedenheit auch auf das allgemeine Wohlbefinden aus: Die qualifiziert beschäftigten jungen Frauen und Männer sind deutlich zufriedener mit ihrem Leben als die un- und angelernten Arbeitskräfte.

Das Befinden des Individuums wird auch von der Akzeptanz, die ihm seine Umgebung entgegenbringt, geprägt. Hierbei ist die Einschätzung der jungen Ausländer schon 1989 duchaus skeptisch: Die große Mehrheit meint, daß Deutsche Vorurteile gegen Ausländer hätten. Die Hälfte der Jugendlichen glaubt, daß dies auf einen kleinen Teil der Deutschen zutrifft, während 24 % sogar davon ausgehen, daß ein großer Teil der Deutschen ausländerfeindlich eingestellt ist. Diese Einschätzung vertreten beide Geschlechter gleichermaßen. Die Wahrnehmung von Rassismus unterscheidet sich allerdings deutlich nach *Nationalität*: Griechen und Türken nehmen dies signifikant häufiger als die anderen Befragten wahr (Vgl. Tabelle 32 im Anhang).

Ein Teil der Befragten hat bereits selbst Nachteile als Ausländer bzw. Ausländerin erfahren. Die Migrantinnen nehmen Diskriminierung anders wahr: Sie meinten tendenziell seltener als die jungen Männer, bereits selbst Nachteile erlebt zu haben.

Tabelle: Erlebte Nachteile als AusländerIn in %-Zeile

	häufig	seltener	gar nicht	n = 100 %
m	13,0	32,3	54,7	1884
w	8,9	28,3	62,8	1505

Quelle: BIBB, Repräsentativerhebung 1988/89

Klare Unterschiede bestehen wiederum bei der Staatsangehörigkeit: Junge Migrantinnen türkischer Herkunft haben signifikant häufiger als die anderen Frauen bereits diskriminierende Verhaltensweisen erlebt und sie als solche wahrgenommen (44 % zu 30 %). Die größte Diskrepanz besteht allerdings bei den jungen Männern zwischen den Türken und denjenigen anderer Herkunft (56 % zu 32 %).

Rund 30 % der Befragten, die Diskriminierung kennengelernt haben, hatten allgemeine Vorurteile erfahren, jeder Vierte erfuhr Beschimpfungen und rassistische Äußerungen, während ein Teil Diskriminierung anläßlich der Suche nach einer Arbeitsstelle bzw. in der Schule erlebte.

In diesem Kontext ist auch die Frage der Staatszugehörigkeit zu betrachten.

Die Bereitschaft, die deutsche Staatsbürgerschaft anzunehmen, ist bei den jungen Ausländern und Ausländerinnen größer, wenn sie ihre eigene behalten können, doch ein Teil ist bereit, auch ohne Einschränkung deutscher Staatsbürger zu werden. Etwa 40 % möchten ausschließlich die eigene Staatsbürgerschaft behalten.

Tabelle: Annahme der deutschen Staatsbürgerschaft in %-Zeile

	gern	nur beide	nein	n = 100 %
m	18,5	44,6	37,0	1843
w	15,4	42,0	42,6	1483

Quelle: BIBB, Repräsentativerhebung 1988/89

Die Einbürgerungsbereitschaft ist unabhängig von Alter, Geschlecht[17] und Staatsangehörigkeit. Allerdings besteht ein Zusammenhang mit dem Einreisealter: Je früher die Jugendlichen hier eingereist sind, desto höher ist ihre Bereitschaft, deutscher Staatsbürger zu werden.

Auch der Nationalstolz hinsichtlich des Herkunftlandes ist ein Merkmal nationaler Identität und wurde daher abgefragt. Hierbei ließen sich ebenfalls keine geschlechtsspezifischen Unterschiede feststellen. Etwa zwei Drittel der Befragten sind stolz auf die eigene Nationalität. Ungefähr 30 % der Jugendlichen messen diesem Thema nur wenig Bedeutung bei. Insgesamt gesehen, kann also von einem recht hohen Maß an nationaler Identität bei den jungen Migranten gesprochen werden, wobei dies gleichermaßen für Mädchen und Jungen gilt. Unterschiede ließen sich dagegen bei der Betrachtung des Einreisealters feststellen: Mit steigendem Einreisealter (ab 11 Jahren), steigt auch der Anteil der Jugendlichen die stolz auf ihre Nationalität sind. Das "nationale Selbstbewußtsein" der Migranten ist möglicherweise eine gute Voraussetzung dafür, sich in der deutschen Gesellschaft zwar als Nicht-Deutsche(r), aber dennoch als Individuum mit eigenem Standpunkt und eigener Handlungskompetenz zu bewegen und damit in gewisser Weise selbstsicherer zu sein, als jemand der sich selbst als minderwertig ansieht.

Auch die Absicht, in dem Land zu bleiben, in das man bzw. die Eltern eingewandert sind, ist ein Ausdruck der Befindlichkeit. 29 % der jungen Ausländer wollen für immer in der Bundesrepublik bleiben. Bei den jungen Frauen sind es 26 %. 20 % möchten noch einige Jahre hierbleiben und 44 % haben keine konkreten Pläne bzw. wissen nicht, was sie möchten. Lediglich 6 % geben an,

---

17 Es besteht eine sehr leichte Tendenz dahingehend, daß junge Frauen öfters nein dazu sagen, die deutsche Staatsbürgerschaft anzunehmen (cr'V =0,06).

in ihr Heimatland zurückkehren zu wollen: 7 % der jungen Frauen möchten innerhalb der nächsten drei Jahre zurückkehren (m.: 4 %). Entgegen früheren Annahmen ist es *lediglich für eine Minderheit der Migranten von vornherein klar, daß sie zurückkehren möchten.*

Die geplante Dauer des Aufenthalts in der Bundesrepublik verdeutlicht dieses, rund 30 % wollen für immer, 7 % geben an, noch zehn Jahre und mehr hierzubleiben - während 52 % der Befragten nicht wissen, wie lange sie bleiben möchten (Vgl. Tabelle 33 im Anhang). Diese Ergebnisse gelten unabhängig von der Nationalität, vom Geschlecht und vom Alter; allerdings sind die Zukunftspläne vom *Einreisealter* abhängig. Je früher die Migranten in die Bundesrepublik eingereist sind, um so mehr wollen sie sich hier dauerhaft niederlassen.

Selbst die Migranten, die bei ihrer Einreise älter als 16 Jahre waren, haben nur selten vor (10 %), auf jeden Fall in ihr Heimatland zurückzukehren, obwohl sie ihre Jugend- und Schulzeit weitgehend dort erlebt haben.

Im 10-Jahresvergleich zeigt sich, daß *die Bereitschaft zur Rückkehr - sie lag damals bei 30 % - drastisch gesunken ist* (Hecker 1984, S. 61ff). *Die Migranten und Migrantinnen orientieren sich stattdessen jedoch nicht an einem Daueraufenthalt in der Bundesrepbulik: Damals wie heute geben nur 30 % der Befragten an, für immer in der Bundesrepublik bleiben zu wollen.* Heute verfügen weniger junge Ausländer über eine konkrete Zukunftsperspektive; erheblich zugenom-men hat die Offenheit bzw. auch die Unsicherheit bezüglich des zukünftigen Aufenthaltsortes.

Die Entscheidung der meisten Arbeitsmigranten, ihre Familie in die Bundesrepublik nachzuholen bzw. eine eigene Familie hier zu gründen, hat sich dahingehend ausgewirkt, daß sich zumindest faktisch die Zielorientierung der Migration wesentlich geändert hat. Migration ist ein "Familienprojekt" geworden und wird heute als gemeinschaftliches Unternehmen der Familie gesehen. Die Familie ist die handlungs- und entscheidungsrelevante Einheit für die Migration (Granato 1991).

Da das Familienprojekt Migration bislang als befristet angesehen wurde, steht am Ende der erfolgreiche gemeinschaftliche Abschluß dieses "Unternehmens". Eine Möglichkeit die Migration zu vollenden besteht in der Rückkehr der Familie - die im richtigen Augenblick erfolgen muß, um sie erfolgreich bewerten zu können[18]. Darüber hinaus erhält die Familie in der Fremde eine besondere Bedeutung als Lebensgemeinschaft. In mehreren Untersuchungen wurde bereits auf die Bedeutung der Familie im Kontext der Zukunftsorientierungen hingewiesen[19].

Die Analyse der vorliegenden Daten der Elterngeneration zeigt: Die Heimatorientierung der Eltern ist deutlicher zu erkennen, denn die Väter und Mütter sind alle im Herkunftsland geboren, aufgewachsen und erst als junge Erwachsene hierher gekommen. 22 % der Eltern haben vor, sich dauerhaft in der Bundesrepublik niederzulassen. Obwohl die jungen Migranten meist als Kinder hier eingereist oder hier geboren sind, ist der Unterschied zwischen ihren eigenen und den Zukunftsplänen der Eltern eher geringfügig, wie ihre Kinder haben rund zwei Drittel der Eltern keine konkreten bzw. überhaupt keine Pläne.

Tabelle: Zukunftspläne der Eltern und der jungen Migranten

	Rückkehrpläne junger Migranten (n = 3.369) %	Rückkehrpläne Der Eltern (n = 1.000) %
will zurück	5,9	13,0
einige Jahre bleiben	20,3	30,8
immer bleiben	27,5	22,1
weiß nicht/keine Pläne	44,0	33,4
in anderes Land	2,3	0,7
	100	100

Quelle: BIBB, Repräsentativerhebung 1988/89

18 DIETZEL-PAPAKYRIAKOU, M.: Die Mutter als Sozialisationsopponentin, unveröffentl. Manuskript, Essen 1990, zitiert in: BOOS-NÜNNING, U., a.a.O., 1989, S 20.

19 BIELEFELD, U.: Inländische Ausländer, Zum gesellschaftlichen Bewußtsein türkischer Jugendlicher in der BRD, S. 158f; WILPERT, C.: Zukunftsorientierungen von Migrantenfamilien; türkische Familien in Berlin. In: REIMANN, H. Gastarbeiter, S. 198-221.

1979 und 1989 wurden die *jungen Migranten* auch nach den Zukunftsplänen ihrer Eltern gefragt. Dabei ist der Anteil der Eltern, der nach Meinung der zweiten Generation remigrieren möchte, drastisch gesunken, auf der anderen Seite hat sich jedoch der Anteil derer, die für immer hier bleiben möchten, nicht erhöht. *Die jungen Migranten haben - unabhängig vom Geschlecht - den Perspektivwechsel ihrer Eltern durchaus wahrgenommen: Vor zehn Jahren mußten sie sich mit der im Vergleich zur eigenen Zukunftsorientierung stärkeren Rückkehroption ihrer Eltern auseinandersetzen, heute sieht sich die junge Generation mit der eigenen sowie mit der Offenheit bzw. Ungewißheit ihrer Eltern über eine Zukunftsplanung konfrontiert.* Das Leben in der Bundesrepublik hat weiterhin einen provisorischen Charakter, in dem die Migrantenfamilie jahrelang lebt. Die Eltern können den Jugendlichen aufgrund ihrer eigenen Offenheit bzw. Orientierungslosigkeit keine klare Perspektive hinsichtlich des zukünftigen Aufenthaltslandes geben (Vgl. Granato 1991).

Obwohl sich die jungen Migranten und ihre Eltern *pragmatisch* z.B. durch ihre Bildungsentscheidungen auf einen Daueraufenthalt in der Bundesrepublik einrichten, geben sie verbal keine konkreten Zukunftsorientierungen an (vgl. Granato 1992 a). *Die Bleibeorientierung ist für die Migranten im 10-Jahres-Vergleich nicht attraktiver geworden.*

Die jungen Frauen sehen ihre Zukunftsplanung stärker im familiären Kontext als die jungen Männer (Stüwe 1988, S. 121 ff). Sie orientieren sich bei ihrer Entscheidung mehr an Familie und Partner, Die jungen Männer verknüpfen ihre Bleibe- bzw. Rückkehrabsicht mit ihren jeweiligen Arbeitsmarktchancen. Sich als Bürger der Bundesrepublik zu fühlen, gilt jungen Frauen und Männern als wichtiger Bleibegrund (Vgl. Granato 1991).

Die Migrantinnen und Migranten, die hier auf die Schule gegangen sind, haben häufiger vor, dauerhaft hier zu bleiben, als diejenigen, die hier nie auf der Schule waren. Die Art der besuchten Schule hat hingegen kaum einen Einfluß auf ihre Bleibeabsichten. Der *Schulerfolg* ist dafür um so wichtiger: Die Bleibeabsicht der Schulabgänger ohne Schulabschluß liegt deutlich unter derjenigen der Befragten mit erfolgreichem Schulabschluß (Vgl. Granato 1991).

Für die Migranten, die sich in einer beruflichen Qualifizierung befinden, und für die Berufstätigen, die einer qualifizierten Beschäftigung nachgehen, ist ein

Daueraufenthalt in der Bundesrepublik attraktiver als für die anderen Befragten - das gilt für Frauen und Männer (Vgl. Granato 1992a).

Tabelle: Gründe für Bleiben bzw. Rückkehr; die vier häufigsten Nennungen Mehrfachnenungen in %

weiblich		männlich	
o ich bleibe, wenn Familienangehörige bleiben	34	o ich bleibe, wenn Familienangehörige bleiben	25
o ich gehe zurück, wenn ich bessere Chancen auf dem Arbeitsmarkt im Herkunftsland habe	23	o ich gehe zurück, wenn ich bessere Chancen auf dem Arbeitsmarkt im Herkunftsland habe	25
o das hängt von meinem zukünftigen Partner ab	22	o ich bleibe, wenn ich mich als Bürger der BRD fühle	23
o ich bleibe, wenn ich mich als Bürger der BRD fühle	21	o ich bleibe, wenn ich einen Arbeitsplatz bekomme	22

Quelle: BIBB, Repräsentativerhebung 1988/89

Eine Ausnahme bilden hier die *Studenten*; ihre Bleibeorientierung ist relativ niedrig. Sie nehmen innerhalb der Befragten eine Sonderstellung ein, da rund die Hälfte von ihnen zu den Späteingereisten gehört. Sie sind zum Studieren in die Bundesrepublik gekommen und richten ihre Aufenthaltsplanung überwiegend danach aus, d.h. sie möchten für einige Jahre hier bleiben bzw. verfügen für die Zeit nach dem Studium über keine konkreten Pläne.

Neben der Stellung im Beruf hat die *Einschätzung der eigenen beruflichen Situation* ebenfalls Auswirkungen auf die Zukunftspläne. Die erwerbstätigen Migranten, denen ihre Arbeit Spaß macht, sind deutlich stärker an einer Zukunft in der Bundesrepublik orientiert als diejenigen, die ihre Arbeit nur als notwendig einschätzen oder sogar damit aufhören wollen. Je häufiger die Befragten Probleme am Arbeitsplatz bzw. in der betrieblichen Ausbildung äußern, desto weniger sind sie bereit, für immer in der Bundesrepublik zu bleiben. Junge Ausländer, die ihre berufliche Zukunft als unsicher einschätzen und befürchten in den nächsten Jahren ihren Arbeitsplatz zu verlieren, planen weniger als die Berufstätigen, die von einer sicheren beruflichen Zukunftsperspektive ausgehen, sich dauerhaft in der Bundesrepublik niederzulassen (Vgl. Granato 1992a).

Die Bleibeabsichten sind ein deutliches Zeichen für die Lebenszufriedenheit: 76 % der Migrantinnen und 69 % der Migranten, die sich in der Bundesrepbulik sehr wohl fühlen, wollen für immer bleiben. Bei denen, die sich hier relativ wohl fühlen, sind knapp 20 %, und bei denen, die sich hier unwohl fühlen, nur noch 6 % bereit, in der Bundesrepublik zu bleiben. *Von allen bisher analysierten Faktoren besteht zwischen der Bleibeorientierung und der Lebenszufriedenheit in der bundesrepublikanischen Gesellschaft der stärkste Zusammenhang.* Teilhabe an den Statuslinien der Aufnahmegesellschaft, wie z.B. ein hoher Bildungsabschluß, die Realisierung beruflicher Qualifizierung und ein qualifizierter Arbeitsplatz, erhöhen bei der 2. Generation die Bereitschaft, für immer in der Bundesrepublik zu bleiben. *Die entscheidende Voraussetzung ist allerdings die emotionale Hinwendung und Identifikation mit der Bundesrepublik (Vgl. Granato 1992a). Dementsprechend nennen diejenigen, die sich hier wohl fühlen, als wichtigsten Grund ihrer Bleibeentscheidung, daß sie sich als Bürger der Bundesrepbulik fühlen* - die jungen Frauen tendenziell noch mehr als die jungen Männer (w.: 72 %; m.: 65 %). *Erfahrungen und Wahrnehmung von Ausländerfeindlichkeit hängen eng mit dem Wohlbefinden der jungen Migranten zusammen:* Fast die Hälfte derjenigen, die sich hier unwohl fühlen, sind der Ansicht, daß ein großer Teil der Deutschen Vorurteile gegenüber Ausländern hat; bei denen , die sich hier sehr wohlfühlen, vertreten nur 15 % diese Ansicht. *Die Bereitschaft, sich auf Dauer in der Bundesrepublik niederzulassen, sinkt beträchtlich bei der Erfahrung von Diskriminierung:* Nur 14 % der jungen Migranten, die die Deutschen für ausländerfeindlich halten, wollen für immer hierbleiben; 42 % sind es bei den Befragten, die keine ausländerfeindliche Haltung bei den Deutschen feststellen.

Dabei ist die Bereitschaft, die deutsche Staatsbürgerschaft anzunehmen, ein wichtiger Indikator. Der Zusammenhang mit der Bleibeabsicht bzw. dem Wohlbefinden erweist sich als signifikant: 70 % der Migranten, die vorhaben, dauerhaft in der Bundesrepbulik zu bleiben, wollen auch die deutsche Staatsbürgerschaft annehmen. 82 % der jungen Frauen und 69 % der jungen Männer, die sich hier sehr wohl fühlen, sind bereit, die deutsche Staatsbürgerschaft anzunehmen, bei denen, die sich unwohl fühlen, sind es lediglich 6 %.

Bei der Offenheit für die Menschen und Werte der Aufnahmegesellschaft kommt der Zufriedenheit mit dem Leben in der Bundesrepbulik eine besondere Bedeutung zu - bei den jungen Frauen spielt das Wohlbefinden tendenziell eine noch größere Rolle als bei den jungen Männern.

Resümee

Die Bildungsbeteiligung junger Migrantinnen ist gestiegen:

- o im Geschlechtervergleich
- o im Zehnjahresvergleich
- o im Generationenvergleich

Im Vergleich zu den jungen Männern verfügen die jungen Frauen in allen Bereichen über bessere Voraussetzungen: Sie haben höhere Schulabschlüsse, eine höhere Sprachkompetenz und besuchen häufiger weiterführende Schulen. Sie sind gegenüber einer beruflichen Erstqualifizierung mindestens so aufgeschlossen wie die jungen Männer. In ihrer hohen Bildungsmotivation werden sie von ihren Eltern unterstützt: Unabhängig von Nationalität und Geschlecht streben die Eltern für Söhne und Töchter eine berufliche Qualifizierung an.

In den entsprechenden Kapiteln der vorliegenden Untersuchung wurden die eingangs beschriebenen Forschungsfragen näher betrachtet.

Zusammenfassend zeigt sich, daß die jungen Migrantinnen über eine eigene **Handlungskompetenz** im Bildungsbereich verfügen. Dies äußert sich einerseits in der Entwicklung eigenständiger beruflicher Perspektiven: Ihre Vorstellungen sind davon geprägt, daß berufliche Ausbildung und Erwerbsarbeit wichtige Bestandteile ihrer Lebensplanung sind. Sie setzen ihre Handlungsfähigkeit, die sich u.a. in höherwertigen schulischen Abschlüssen und ihrer Deutschsprachkompetenz ausdrückt, zum Erreichen ihrer Bildungsvorstellungen ein: Die Mehrheit der Schulabsolventinnen, die die Schule hier besucht haben, hat sich über Ausbildungsmöglichkeiten informiert und mehrfach bei Betrieben beworben. Dies zeigt sich auch in der vielseitigen und selbständigen Ausbildungsplatzsuche. Das stärkere Interesse der jungen Frauen an theoretischen und praktischen Inhalten ihrer Ausbildung deutet neben der hohen Ausbildungsmotivation auf die Bereitschaft hin, ihre Handlungskompetenz durch die Teilnahme an der Ausbildung zu erhöhen.

Lebensgestaltung und Lebensentwürfe der jungen Migrantinnen zeichnen sich durch eine Orientierung an Familie und Beruf aus. Der Wunsch nach eigenen Kindern ist bei der Mehrheit der Migrantinnen und Migranten vorhanden, und für sie vervollständigen erst Kinder die Familie. Die jüngeren Frauen, insbesondere Schülerinnen und BGJ/BVJ-Teilnehmerinnen können sich häufiger ein Familienleben auch ohne Kinder vorstellen. Das deutet darauf hin, daß für jüngere Ausländerinnen (in Zukunft) die Bedeutung einer eigenen Erwerbsarbeit gegenüber der Familienorientierung noch zunehmen wird.

Über die Vorstellungen der jungen Frauen zur Vereinbarkeit von Familie und Berufsarbeit geben die vorliegenden Daten Hinweise: Aus der hohen Erwerbsbeteiligung der Migrantinnen der 1. Generation, die stets einherging mit Hausarbeit und Kindererziehung sowie aus der hohen beruflichen Motivation der jungen Migrantinnen ist zu schließen, daß die jungen Frauen ihre Erwerbstätigkeit bei Familiengründung und Realisierung des Kinderwunsches weiter fortführen werden. Mutterschaft und parallel dazu Erwerbstätigkeit ist bei einem Teil der jungen Frauen bereits Realität geworden.

Selbst Migrantinnen ohne Ausbildung bleiben teilweise auch bei Mutterschaft als un- oder angelernte Kräfte erwerbstätig. Die Erwerbsquote der jungen Mütter mit abgeschlossener Berufsausbildung bzw. der weiblichen Fachkräfte ist demgegenüber noch höher.

Die Lebensvorstellungen der Migrantinnen nähern sich denen junger deutscher Frauen an. Somit partizipieren sie allerdings nicht nur an den Vorteilen, sondern auch an den Risiken und Problemen einer solchen Lebensgestaltung wie beispielsweise der doppelten Belastung durch Familien-, Haus- und Erwerbsarbeit.

Der von den jungen Frauen geäußerte Wunsch nach eigenem Einkommen weist darauf hin, daß sie sich zumindest finanziell unabhängiger von Familie bzw. Ehepartner sehen.

Die eigene Handlungskompetenz als eine wesentliche Voraussetzung für die Integration eines Individuums in die Gesellschaft ist bei den Migrantinnen zumindest im Bildungsbereich gegeben. Die **berufliche Integration,** die Homann-Novotny mit Teilhabe an gesellschaftlichen Statuslinien wie Bildung, Beruf und Einkommen etc. umschreibt, gelingt den jungen Migrantinnen *dagegen nur partiell.*

Im Vergleich zu den männlichen Migranten zeigt sich, daß die besseren schulischen Voraussetzungen und der gleiche Einsatz bei der Ausbildungsplatzsuche nicht ausreichen, ihnen einen größeren Zugang zu Ausbildungsplätzen zu verschaffen.

Bei der Suche nach einem Ausbildungsplatz konkurrieren die Migrantinnen mit den schulisch noch besser vorgebildeten deutschen Frauen. Die Ausbildungschancen der jungen Migrantinnen sind dadurch eingeschränkt. Es gelingt ihnen auch kaum, Ausbildungsplätze in aussichtsreichen Berufen zu erhalten.

Hier zeigen sich die *mangelnden Chancen der Teilhabe* der ausländischen Frauen im Vergleich zu den weiblichen Angehörigen der deutschen Mehrheitsgesellschaft. Diese Entwicklung findet ihre Fortsetzung auf dem Beschäftigungssektor. Auch die berufliche Integration der jungen Migrantinnen auf dem Arbeitsmarkt gelingt ihnen nur partiell, ist von einem höheren Arbeitsmarktrisiko sowie Rückzugsstrategien aus dem Erwerbsleben aufgrund des Fehlens geeigneter Arbeitsmarktchancen geprägt.

Hinsichtlich der **sozialen Integration** hat sich in den letzten zehn Jahren für die jungen Migrantinnen vieles verändert: Obwohl sie, aufgrund ihrer insgesamt mehr nach innen gerichteten Freizeitaktivitäten, im Vergleich zu den jungen Männern geringere Kontaktmöglichkeiten zu ihrem deutschen sozialen Umfeld haben, nehmen sie heute die sich bietenden Möglichkeiten der Freizeitgestaltung stärker wahr.

Ein weiterer Aspekt der sozialen Integration ist die Möglichkeit der Migrantinnen, in der Bundesrepublik eine eigenständige Jugendphase zu durchleben. Die Auswertung der Daten ergibt, daß die jungen Frauen die Vorteile der Jugendzeit wahrnehmen. Die Gruppe der Gleichaltrigen ist für sie wichtig und sie verbringen ihre Freizeit überwiegend mit ihnen. Sie nutzen die vorhandenen Freizeitmöglichkeiten, und ihre Handlungsspielräume haben sich erweitert. Ein Teil der jungen Migrantinnen fühlt sich zudem in der Bundesrepublik freier als im Heimatland.

Die erweiterten Handlungsspielräume stoßen allerdings dort an Grenzen, wo sich die Wertvorstellungen der Jugendlichen deutlich von denen ihrer Eltern unterscheiden. Während im schulischen und beruflichen Bereich eine relativ große Übereinstimmung herrscht, gibt es bei den Themen, die eher im privaten bzw. persönlichen Bereich liegen, eine relativ hohes Konfliktpotential zwischen den Generationen. Dabei artikulieren die Mädchen und jungen Frauen wie die jungen Männer ihre eigenen von den Eltern divergierenden Lebensvorstellungen, woraus jedoch anscheinend keine größeren emotionalen Brüche zu den Eltern folgen.
Die Wertvorstellungen der jungen Frauen zeigen einerseits weitgehende Übereinstimmungen mit den in der Aufnahmegesellschaft vorhandenen Vorstellungen zu Ausbildung, Beruf und Arbeit, andererseits aber nur partielle Übereinstimmungen mit Normen und Werten, die außerhalb dieses Bereichs liegen.

Eine **Binnenintegration** ist unter den jungen Migrantinnen stärker zu beobachten als unter den männlichen Migranten. Die jungen Frauen sind in ihrer Freizeit überwiegend mit Angehörigen der eigenen Ethnie zusammen. Hierbei sind allerdings starke nationalitätenspezifische Unterschiede zu beobachten. Merkmale, die auf eine Binnenintegration hindeuten, wie starke Kontakte innerhalb der eigenen Ethnie während der Freizeit, sind bei den Migrantinnen je nach Status unterschiedlich ausgeprägt. Die Frage, ob eine Binnenintegration die Handlungsfähigkeit der weiblichen und männlichen Migranten in der Majoritätsgesellschaft stärkt, kann aufgrund der vorliegenden Auswertung nicht abschließend beantwortet werden.

Betrachtet man **berufliche und soziale Integration** zusammen, so werden einerseits die Anstrengungen der jungen Frauen zur beruflichen Integration sowie die unzureichenden Partizipationschancen sehr deutlich. Die berufliche Integration der Migrantinnen ist von den Eltern gewünscht und wird weitgehend befürwortet. Soziale Integration hingegen wird bei den Töchtern von seiten der Eltern nur partiziell gefördert und unterstützt.

Obwohl sich die jungen Ausländerinnen mit ihren beruflichen Vorstellungen weitgehend an den Werten der Aufnahmegesellschaft orientieren, reichen ihre Anstrengungen im Bereich von Bildung und Ausbildung

immer noch nicht aus, beim Berufsstart vergleichbare Chancen, wie junge deutsche Frauen sie vorfinden, zu erhalten. Vertikale berufliche Mobilität hat im intergenerativen Vergleich zwischen Müttern bzw. Vätern und den Töchtern aber nur marginal zwischen Vätern und Söhnen stattgefunden. Der berufliche Aufstieg ist einem Teil der jungen Frauen eher geglückt. *Trotzdem bleibt festzustellen, daß die Aufnahmegesellschaft den jungen Migranten nur unzureichende Chancen zur Teilhabe an gesellschaftlichen Gütern einräumt.*

Die jungen Frauen und Männer reagieren auf ihre Art und Weise auf diese unzureichenden Möglichkeiten: *Die Perspektive, sich dauerhaft in der Bundesrepublik niederzulassen, ist für die jungen Migranten nicht attraktiver geworden.* Die Rückkehrabsichten der Befragten haben in den letzten 10 Jahren drastisch abgenommen, allerdings zu gunsten einer gewissen Offenheit bzw. Unentschlossenheit, was das zukünftige Aufenthaltsland betrifft: Die Jugendlichen warten vorsichtig ab. Das Wohlbefinden der Migrantinnen war 1989 trotz ihrer geringen Teilhabe an gesellschaftlichen Gütern und trotz der Wahrnehmung diskriminierender Verhaltensweisen von Teilen der deutschen Bevölkerung relativ groß. Das Wohlbefinden hat auf die Bleibeabsichten den stärksten Einfluß: Wer sich hier sehr wohl fühlt, möchte auch hier leben. Die Wahrnehmung von Rassismus und die Erfahrung von Diskriminierung wirken sich auf Bleibeabsichten und die Bereitschaft, die deutsche Staatsbürgerschaft anzunehmen, sehr negativ aus. Bei den jungen Frauen hat das Wohlbefinden hinsichtlich dieser Fragestellungen eine etwas größere Bedeutung als bei den Männern.

Die Bereitschaft der Migranten, die deutsche Staatsbürgerschaft anzunehmen, ist dann besonders hoch, wenn sie ihre bisherige beibehalten können. Hier besteht für die Bundesrepublik die Möglichkeit, ein entsprechendes rechtliches Angebot für die hier lebenden Minderheiten zu schaffen und ihnen auch auf dieser Ebene Wege der Integration in die deutsche Gesellschaft zu ermöglichen.

Jüngere Untersuchungen, die bei Jugendlichen türkischer Herkunft nach der deutschen Einheit durchgeführt wurden, zeigen, daß sich die Befragten nach der Wiedervereinigung wesentlich unwohler als noch kurz davor fühlen. Als Grund nennen fast alle Jugendliche Ausländerfeindlichkeit, Ausländerhaß und Angst vor Angriffen - andere Gründe dagegen kaum (Ausländerbeauftragte des Senats von Berlin 1992; Granato 1992). Wegen der rassistischen Übergriffe fühlen sich die Migranten in Deutschland viel unwohler und unsicherer sowie in ihrem Leben physisch bedroht. Dies ist umso bedauerlicher, weil gerade die Migrantinnen in den letzten Jahren deutlich mehr an eigenständiger Handlungsfähigkeit und beruflicher Kompetenz erlangt haben und damit ihr Interesse und ihren Willen, an gesellschaftlichen Gütern wie Bildung, Ausbildung und Arbeit zu partizipieren, eindrucksvoll demonstriert haben. Trotz ihrer vielfältigen Bemühungen hat ihnen die Aufnahmegesellschaft wenig (zusätzliche) Chancen angeboten. Das heißt, von Seiten der Aufnahmegesellschaft wurden die bisher bestehenden Partizipationsmöglichkeiten *nicht* erweitert, und zudem hat sich das soziale Klima in Deutschland durch den aufflammenden Rassismus und die Angriffe auf das Leben von Menschen ausländischer Herkunft so sehr verschlechtert, daß dies einen Rückschritt für das Zusammenleben - oder mindestens für das friedliche Nebeneinanderherleben - von Deutschen und hier lebenden Menschen anderer Herkunft bedeutet.

Das Leben in Deutschland ist für die jungen Frauen ausländischer Herkunft unsicherer geworden: Die Gefahr, *offen* aus rasistischen Motiven heraus angegriffen zu werden, ist erheblich gestiegen. Dadurch entsteht bzw. wächst Angst bei den jungen Frauen und Männern. Ein Teil von ihnen erlebt zu den bisher zum Teil erfolglosen Bemühungen, sich zu integrieren, jetzt noch zusätzlich Enttäuschung. Hinzu kommt noch, daß durch die öffentliche Diskussion des "Ausländerproblems" - das in Wahrheit auch ein *"Inländerproblem"* ist - bzw. der rassistischen Attentate das Thema *Ausländer* in der öffentlichen Diskussion präsent ist. Erst dadurch rückt bei den Jugendlichen ausländischer Herkunft ihr faktischer "Ausländerstatus" in das Zentrum ihres Bewußtseins - was vorher nicht der Fall war, da sie sich mehr als "Berliner Jugendliche türkischer Herkunft" oder "Kölnerin italienischer Abstammung" fühlten. Das führt dazu, daß das subjektive Empfinden von Marginalisierung wächst. Aus Angst vor Angriffen und Enttäuschung entsteht Wut darüber, potentielle Opfer von Gewalt zu sein bzw. unzureichende Chancen in der deutschen Gesellschaft zu haben. Diese Wut kann in wachsender Gewaltbereitschaft ihren Ausdruck finden. Gerade junge Frauen neigen dazu, Aggressionen nicht unbedingt nach außen sondern nach innen, gegen sich selbst zu richten: Selbstzerstörung in all ihren Schattierungen ist eine mögliche Antwort junger Migrantinnen auf die gesellschaftlichen Zustände in Deutschland. Doch es gibt noch andere mögliche Reaktionen - denn die jungen Frauen könnten diesen Entwicklungen mit verschiedenen Strategien begegnen.

Es könnte z.B. zu Rückzugstendenzen führen: Rückzug in die "innere Emigration", in die eigene Ethnie, in die eigene Familie. Andererseits besteht aber auch die Möglichkeit, daß sie sich, da sie sich zunehmend bedroht und an den Rand der Gesellschaft gedrängt fühlen, offensiv und unter Ausnutzung ihrer Handlungskompetenz für die eigenen Interessen einsetzen: Dies kann zum einen im Rahmen von ethnischen Organisationen erfolgen - die dadurch eine Stärkung erfahren - oder auch notfalls am Rande der legalen Möglichkeiten. Für beides gibt es "Vorbilder" in Europa: In Frankreich haben Jugendliche aus ethnischen Minderheiten, "les beurres" genannt, einen Siegeszug durch die von ihnen angeführten lokalen und regionalen ethnischen Organisationen angetreten. Als französische Staatsbürger als Wählergruppe ernst genommen, haben sie ihr aktives *und* passives Wahlrecht genutzt. In Großbritannien haben Ende der 80er Jahre Jugendliche, Kinder von Einwanderern aus dem Britischen Empire, gegen ihre berufliche und soziale Marginalisierung rebelliert, was zu gewaltsamen Auseinandersetzungen in sozialen Brennpunkten geführt hat.

Erleichterungen bei der Einbürgerung und in Zusammenhang damit die Einführung der doppelten Staatsbürgerschaft - die von den Jugendlichen zum großen Teil erwünscht wird - sind ein *dringend notwendiger, aber nicht hinreichender Schritt,* um den hier lebenden Menschen ausländischer Herkunft angemessene Möglichkeiten der Teilhabe anzubieten. Dadurch eröffnet sich den jungen Migranten - und ihren Eltern - die Chance, als Bürger der Bundesrepublik mit den gleichen staatsbürgerlichen Rechten und Pflichten wie die Inländer am öffentlichen und politischen Leben in der Bundesrepublik teilzunehmen.

Dies kann jedoch nicht die Solidarität der Menschen in Deutschland mit den hier ansässigen Menschen anderer Herkunft ersetzen. Die Lichterketten sind ein erster und eindrucksvoller Schritt in diese Richtung. Zivilcourage und Einsatzbereitschaft jedes einzelnen sind gefordert, um eine gesamtgesellschaftliche Integration zu erreichen, die Frauen und Männer in Ost und West und Menschen jedweder Herkunft, die in Deutschland leben, umfaßt.

Literatur

AKKENT, Meral; FRANGER, Gaby: Mädchen in der Türkei und in Deutschland. Weinheim und München, Juventa, 1987

ALLERBECK, Klaus; HOAG, Wendy: Jugend ohne Zukunft? Einstellungen, Umwelt, Lebensperspektiven. München, Zürich; Piper, 1985

APITZSCH, Ursula: Besser integriert und doch nicht gleich. Bildungsbiographien jugendlicher Migrantinnen als Dokumente widersprüchlicher Modernisierungsprozesse. In: Rabe-Kleberg, Ursula (Hrsg.): Besser gebildet und doch nicht gleich! Bielefeld, 1990, S. 197-217

ARNOLD-RÖSNER, Regina: Berufliche Integration junger Türken. Chancen und Realitäten in der aktuellen Beschäftigungskrise. Hamburg, Hamburger Buchwerkstatt, 1986

Ausländerbeauftragte des Senats von Berlin: Berliner Jugendliche türkischer Herkunft in Berlin. Pressemitteilung vom 13.01.1992, Senatsverwaltung für Soziales, Berlin, 1992

BAETHGE, Martin; HANTSCHE, Brigitte; PELLUL, Wolfgang; VOSKAMP, Ulrich: Jugend: Arbeit und Identität. Opladen, 1988

BAETHGE, Martin: Arbeit, Vergesellschaftung, Identität - zur zunehmenden normativen Subjektivierung der Arbeit. In: Soziale Welt; Nr. 1, 1991

BEER, Dagmar: Der Übergang ausländischer Jugendlicher von der Schule in die Berufsausbildung - Informations- und Orientierungshilfe, Modellversuche zur beruflichen Bildung. BIBB, Berlin (Hrsg.), 1988

BEER, Dagmar: Aspekte der beruflichen und sozialen Integration ausländischer Jugendlicher. Zwischenbericht zum BIBB-Forschungsprojekt 1503, Bundesinstitut für Berufsbildung, Berlin, 1991

BEER, Dagmar: Lern- und Integrationsprozeß ausländischer Jugendlicher in der Berufsausbildung. Bundesinstitut für Berufsbildung, Berlin, 1992

BEER, Dagmar: Schulbildung junger Migranten, Bundesinstitut für Berufsbildung, Berlin, 1993 (in Vorbereitung)

BEER, Dagmar; GRANATO, Mona: Die Berufsausbildung der jungen Ausländerinnen in der Bundesrepublik. In: Bildungsarbeit mit ausländischen Jugendlichen, Nr. 15, 1989, S. 6 - 13

BENDIT, René: Zweite-Generations-Forschung: Lebenslage und Sozialisation ausländischer Jugendlicher. In: Deutsches Jugendinstitut (Hrsg.): Ausländerarbeit und Integrationsforschung. Bilanz und Perspektiven. Weinheim und München, Juventa, 1987, S.123 - 136.

BIELEFELD, Uli: Inländische Ausländer. Zum gesellschaftlichen Bewußtsein türkischer Jugendlicher in der Bundesrepublik. Frankfurt, New York; Campus, 1988.

BOCK, Cornelia: Ausländische Mädchen in Hamburg. Zur Situation ausländischer Mädchen zwischen Schule und Beruf. Leitstelle Gleichstellung der Frau (Hrsg.): Freie und Hansestadt in Zusammenarbeit mit der Staatlichen Pressestelle Hamburg, 1988

BOOS-NÜNNING, Ursula: Lebenssituation und Deutungsmuster türkischer Mädchen in der Bundesrepublik Deutschland. In: Yakut, Atilla et.al.: a.a.o.; S. 67 - 106, 1986

BOOS-NÜNNING, Ursula: Berufswahl türkischer Jugendlicher. Entwicklung einer Konzeption für die Berufsberatung. Nürnberg, Institut für Arbeitsmarkt- und Berufsforschung der Bundesanstalt für Arbeit (Hrsg.), Beitr. AB 121, 1989

BOOS-NÜNNING, Ursula; REICH, Hans: Kommunikation und Berufsorientierung in türkischen Familien. In: Yakut, Atilla et.al.: a.a.o.; S. 133 - 342, 1986

BOOS-NÜNNING, Ursula: Ausländische und deutsche Jugendliche auf dem Weg zu einer multikulturellen Gesellschaft? In: Landesinstitut für Schule und Weiterbildung (Hrsg.): Jugend und Erziehung am Ende der achtziger Jahre. Soester Symposium 1988. Soest, 1989

BRÖCKELMANN, Christa; WENTZEL, Lothar: Zum Bergmann wird man gemacht. Zur Legende von der Unmöglichkeit späteingewanderte türkische Jugendliche beruflich zu qualifizieren. Hamburg, 1985

BUNDESINSTITUT FÜR BERUFSBILDUNG (HRSG.): Ausländische Jugendliche, Ausbildung und Beruf. Orientierungsstrategien der Betriebe. Heft 2; Berlin, 1989

COLLINGRO, Peter; THOMAS, Helga; WIRSISCH, Wolfgang (Redaktion): Berufsausbildung von Ausländern. Otto-Benecke-Stiftung (Hrsg.), Wetzlar, 1989

CUMMINS, J.: Linguistic interdependence and the Educational Development of Bilingual Children.I in: Review of Educational Research, Spring, 1979, Vol. 49, Nr. 2, S. 221 - 251

DAMM-RÜGER, Sigrid: Frauen - Ausbildung - Beruf. Realität und Perspektiven der Berufsausbildung von Frauen. BIBB, Berlin, 1992

DAVIDS, Sabine: Junge Erwachsene ohne anerkannte Berufsausbildung in den alten und neuen Bundesländern. Arbeitspapiere FP 1.507 Jugendliche und junge Erwachsene ohne Berufsausbildung, Heft 5, Bundesinstitut für Berufsbildung, Berlin 1992

DAVIDS, Sabine: Junge Erwachsene ohne anerkannte Berufsausbildung in den alten und neuen Bundesländern In: Berufsbildung und Wissenschaft in der Praxis, Nr. 3, Berlin, 1993

DEUTSCHES JUGENDINSTITUT (HRSG.): Ausländerarbeit und Integrationsforschung. Bilanz und Perspektiven. Weinheim und München, Juventa Verlag, 1987

DIEZINGER, Angelika: Frauen: Arbeit und Individualisierung. Opladen, 1991

EISENSTEDT, S.N.: Analysis of Patterus of Immigration and Absortion of Immigrants. In: Population studies, 7/1953

ELIAS, N.; SCOTSON, J. L.: The established and the outsiders. A sociological enquiry into community problems. London, 1965.

ELWERT, Georg: Probleme der Ausländerintegration. Gesellschaftliche Integration durch Binnenintegration? Kölner Zeitschrift für Soziologie und Sozialpsychologie, S. 717 - 731, 1982

ELWERT, Georg: Die Angst vor dem Ghetto. Binnenintegration als erster Schritt zur Integration. In: Bayaz, Ahmet; Damolin, Mario; Ernst, Heike (Hrsg.): Integration, Anpassung an die Deutschen? Weinheim und Basel; Beltz, 1984, S. 283 - 286

ESSER, Elke: Ausländerinnen in der Bundesrepublik Deutschland. Frankfurt, Fischer, 1982

ESSER, Hartmut: Wanderungssoziologie. Assimilation und Integration von Wanderern ethnischen Gruppen und Minderheiten. Darmstadt, Neuwied, 1980

FLAAKE, Karin: Geschlechterverhältnisse, geschlechtsspezifische Identität und Adoleszens. In: Zeitschrift für Sozialisationsforschung und Erziehungssoziologie: 1, 1990, S. 2 - 13

FUCHS, Werner: Jugendliche Statuspassage oder individualisierte Jugendbiographie? In: Soziale Welt; 34, 1983, S. 341 - 371

GEISSLER, Birgit; OECHSLE, Mechthild: Lebensplanung als Ressource im Individualisierungsprozeß. Arbeitspapier Nr. 10; SFB 186 Uni Bremen; Teilprojekt B 2; Bremen, 1991

GILDEMEISTER, Regine: Geschlechtsspezifische Sozialisation. In: Neue Welt, Nr. 4, 1988, S. 486 - 503

GLUMPLER, Edith: Schullaufbahn und Schulerfolg türkischer Migrantenkinder. Hamburg, EB-Verlag, Rissen, 1985

GORDON, M.M.: Assimilation in American Life. The Role of Race, Religion and National Origins. New York, 1964

GRANATO, Mona: Remigration türkischer Jugendlicher: Schulische Erfahrungen und Berufliche Perspektiven nach der Rückkehr. In: Informationsdienst zur Ausländerarbeit, Heft 3, 1989

GRANATO, Mona: Remigration und Berufsbildung - Zukunftsorientierungen junger Ausländer in der Bundesrepublik. Zwischenbericht zum BIBB-Forschungsprojekt 1503, Berlin, 1991

GRANATO, Mona: Junge Ausländerinnen und die Ausbildung im Gesundheitsbereich. In: Die Gesundheitsvorsorge der Bundesrepbulik Deutschland: Ohne Ausländer noch gesichert? Tagungsbericht VDK Bayern (Hrsg.); München, 1992; 1992 b

GRANATO, Mona: Perspektiventwicklung junger Migranten. In: Interkulturell, Nr. 1/2, 1992

GRANATO, Mona: Zukunftsperspektiven junger Ausländer. In: Bildungsarbeit in der Zweitsprache Deutsch, S. 71-77; Nr. 2, 1992 (1992a)

GRANATO, Mona: Junge Frauen ausländischer Herkunft: Berufsausbildung und Berufslosigkeit. In: ibv Nr. 26 (Informationen für die Beratungs- und Vermittlungsdienste der Bundesanstalt für Arbeit, Nürnberg, Juni, 1993

GÜLTEKIN, Neval: Frauenleben in der Türkei zwischen Tradition und Moderne. In: Informationsdienst zur Ausländerarbeit; Nr. 3, 1989, S. 56 - 59

HANTSCHE, Brigitte: Angleichungen der Lebenskonzepte der Geschlechter? In: Projekt Jugend und Arbeit (Hrsg.): Jugendliche beim Einstieg in das Arbeitsleben. München, 1990.

HECKER, Ursula: Jugendliche in Ausbildung und Beruf. Bundesinstitut für Berufsbildung (Hrsg.): Berichte zur Beruflichen Bildung, Heft 70, Berlin/Bonn, 1984.

HECKER, Ursula: Betriebliche Ausbildung: Berufszufriedenheit und Probleme. Berlin Bundesinstitut für Berufsbildung, 1989

HECKER, URSULA: Wege zur Externenprüfung, Arbeitspapiere FP 1.505, Bundesinstitut für Berufsbildung, Heft 5, Berlin, 1992

HECKMANN, Friedrich: Die Bundesrepublik: Ein Einwanderungsland? Zur Soziologie der Gastarbeiterbevölkerung als Einwandererminorität. Stuttgart, 1981.

HEIDENREICH, Martin: Nationale Muster betrieblichen Strukturwandels. Frankfurt a. M., New York; 1990

HERLYN, Ingrid; VOGEL, Ulrike: Individualisierung: Eine neue Perspektive auf die Lebenssitutation von Frauen. In: Zeitschrift für Sozialisationsforschung und Erziehungssoziologie, Nr. 3, 1990, S. 162 - 178

HOFFMANN, Lutz: "Wir machen alles falsch." Wie türkische Jugendliche sich in ihren Alltagstheorien mit ihrer Lage in der Bundesrepublik auseinandersetzen. Bielefeld, 1981

HOFFMANN, Lutz: Die unvollendete Republik. Zwischen Einwanderungsland und deutschem Nationalstaat. Köln, Papy Rosa, 1990

HOFFMANN-NOWOTNY, Hans Joachim: Soziologie des Fremdarbeiterproblems. Stuttgart, Ferdinand Ekke, 1973

HOFFMANN-NOWOTNY, Hans Joachim: Integration, Assimilation und plurale Gesellschaft. Konzeptionelle, theoretische und praktische Überlegungen. In: Höhn, Charlotte; Rein, Detlev B. (Hrsg.): Ausländer in der Bundesrepbulik Deutschland, S. 15-31, Boppard a. Rhein, 1990

HÖHNEKOPP, Elmar: Ausländische Jugendliche nach der "Rückkehr" - wieder ein Seiteneinsteiger-Problem? In: Mitteilungen aus der Arbeitsmarkt- und Berufsforschung, S. 479 - 489, Heft 4, 1987

HOPF, Dieter: Herkunft und Schulbesuch ausländischer Kinder. Eine Untersuchung am Beispiel griechischer Schüler. Max-Planck-Institut für Bildungsforschung, Berlin, 1987

HORNSTEIN, Walter: Jugend 1985 - Strukturwandel, neues Selbstverständnis und neue Problemlagen. In: MITT AB, 2, 1985, S. 157 - 166.

HÜBNER, Irene: "Wie eine zweite Haut" Ausländerinnen in Deutschland. Beltz. Weinheim und Basel, 1985

JUST, Wolf-Dieter: Na, "immer noch da?" Ausländer schildern ihre Situation in den Betrieben. Frankfurt a.M., Otto Lembeck, 1989

KALPAKA, Annita: Handlungsfähigkeit statt "Integration". Schulische und außerschulische Lebensbedingungen und Entwicklungsmöglichkeiten griechischer Jugendlicher. Weinheim und München, Juventa, 1986

KLEIN, Rosemarie; Leray, Regina: Ausbildung - eine Gelegenheit zu systematischem Sprachlernen. In: Deutsch Lernen, 2-3, S. 28 - 67, 1989

KLOAS, Peter-Werner, Selle Bernd: Lernvoraussetzungen von Ungelernten - Grundlagen für eine Nachqualifizierung. In: Lernprozeßforschung, Bundesinstitut für Berufsbildung, Berlin, 1992

KOCK, Klaus: Die austauschbare Belegschaft, Flexibilisierung durch Fremdfirmen und Leiharbeit. Köln, 1990

KÖNIG, Peter; SCHULTE, Günther; WESSEL, Rita: Situation ausländischer Arbeitnehmer und ihrer Familienangehörigen in der Bundesrepublik Deutschland. Repräsentativuntersuchung - '85 -. Bundesminister für Arbeit und Sozialordnung (Hrsg.); Bonn, 1986

KÖNIG, Peter; AMMANN, Wolfgang; MEHRLÄNDER, Ursula: Berufswahl und handwerkliche Berufsausbildung türkischer Jugendlicher. Ergebnisse eines Modellprojektes. Bonn, Verlag Neue Gesellschaft, 1988

KRÜGER, Helga: Frauen und Bildung. Wege der Aneignung und Verwertung von Qualifikationen in weiblichen Erwerbsbiographien. Gutachten für die Enquete - Kommission zukünftige Bildungspolitik - Bildung 2000, Bremen, 1989

KRÜGER, Helga; BORN, Claudia: Privatsache Kind/Privatsache Beruf. Opladen, 1987

LEY, Katharina: Frauen in der Emigration. Eine soziologische Untersuchung der Lebens- und Arbeitssituation italienischer Frauen in der Schweiz. Stuttgart, 1979

LOPEZ-BLASCO, A.: Sozialisationsprobleme und Identitätskrise spanischer Jugendlicher in der Bundesrepublik Deutschland. München, DJI, 1983

LUTZ, Helma: Lebensentwürfe ausländischer Frauen. In: Informationsdienst zur Ausländerarbeit, Nr. 4, S. 18 - 22, 1988

MANSEL, Jürgen: Zur Reproduktion sozialer Ungleichheit. Soziale Lage, Arbeitsbedingungen und Erziehungsverhalten der Eltern im Zusammenhang mit dem Schulerfolg des Kindes. In: Zeitschrift für Sozialisationsforschung und Entwicklungssoziologie, Heft 1, S. 36-60, 1993

MAYER, Karl-Ulrich: ALLMENDINGER, Jutta, HUININK, Johannes (Hrsg.): Vom Regen in die Traufe: Frauen zwischen Beruf und Familie. Frankfurt a.M./New York, Campus, 1991

MEHRLÄNDER, Ursula: Türkische Jugendliche - keine beruflichen Chancen in Deutschland? Bonn, Verlag Neue Gesellschaft, 1983

MENK, Anke-Katrin: Sprachliches Lernen im Fachunterricht. In: Deutsch Lernen; 2-3, S. 153 - 165, 1989

MENK, Antje; KRÜGER, Gerda: Modellversuch "Ausbildung türkischer Mädchen zu Gehilfinnen in medizinischen und juristischen Berufen". Bremen, 1987

MERNISSI, Fatima: Geschlecht. Ideologie. Islam. München, Frauenbuchverlag, 1987

MIHCIYAZGAN, Ursula: Rückkehr als Metapher. Die Bedeutung der Rückkehr in der Lebensplanung und -praxis türkischer Migrantinnen. In: Informationsdienst zur Ausländerarbeit, Nr. 4, S. 39 - 43, 1989

MIHCIYAZGAN, Ursula: Was hat das Gold mit der Zukunft zu tun? In: Informationsdienst zur Ausländerarbeit, Nr. 4, S. 31 37, 1988

MIHELIC, Marian: Jugoslawische Jugendliche. Intraethnische Beziehungen und ethnisches Selbstbewußtsein. München, Verlag Deutsches Jugendinstitut, 1984.

MOROKVASIC, Mirjana: Jugoslawische Frauen: die Emigration - und danach. Frankfurt, Stroemfeld/roter Stern, 1987

MÜLLER, W.: Die Bedeutung der Sprachleistung für die Berufsausbildung ausländischer Jugendlicher. Heidelberg, esprint Verlag, 1986

NAUCK, Bernd: Inter- und intragenerativer Wandel in Migrantenfamilien. In: Soziale Welt, Nr. 4, S. 504 - 521, 1988

NAUCK, Bernhard: Eltern-Kind-Beziehungen bei Deutschen, Türken und Migranten. Zeitschrift für Bevölkerungswissenschaft, Nr. 16, S. 87 - 126, 1990

NAVE-HERZ, Rosemarie (Hrsg.): Wandel und Kontinuität der Familie in der Bundesrepublik Deutschland. Stuttgart, 1987

NERRICH, Maria: Balanceakt Familie. Zwischen alten Leitbildern und neuen Lebensformen. Freiburg, Lambertus, 1988

NEUMANN, Ursula: Der geschlechtsspezifische Aspekt in der Berufswahl türkischer Mädchen. In: Yakut, Atilla et.al.: a.a.o., S. 107 - 132

NEUMANN, Ursula: Ayla A.: Tochter einer Migrantenfamilie. In: Yakut, Atilla et.al.: a.a.o., S. 439 - 455

NIEKE, Wolfgang; BOOS-NÜNNING, Ursula (Hrsg.): Ausländische Jugendliche in der Berufsausbildung. Auf dem Weg zur Chancengleichheit. Opladen, 1989

OEVERMANN, Ulrich: Sprache und soziale Herkunft. Frankfurt, 1988

PUHLMANN, Angelika: Individuelles Versagen - objektive Chancenlosigkeit? Arbeitspapiere FP 1.507. Jugendliche und junge Erwachsene ohne Berufsausbildung, Heft 5. Bundesinstitut für Berufsbildung, Berlin, 1992.

RABE-KLEBERG, Ursula (Hrsg.): Besser gebildet und doch nicht gleich: Frauen und Bildung in der Arbeitsgesellschaft. ifg Institut Frau und Gesellschaft, Bielefeld, 1990

REICH, Hans: Stützunterricht für ausländische Jugendliche in der Berufsbildung. In: Unterrichtswissenschaft, Nr. 1, S. 52 - 64, 1987

REIMANN, Horst; REIMANN, Helga (Hrsg.): Gastarbeiter: Analyse und Perspektiven eines sozialen Problems. Opladen, Westdeutscher Verlag, 1987

RIESNER, Silke: Junge türkische Frauen der zweiten Generation in der Bundesrepublik Deutschland. Eine Analyse von Sozialisationsbedingungen und Lebensentwürfen anhand lebensgeschichtlich orientierter Interviews. Interdisziplinäre Studien im Verhältnis von Migrantinnen, Ethnizität und gesellschaftliche Mulitkulturalität für die interkulturelle Forschungs- und Arbeitsstelle an der TU Berlin, Verlag für Interkulturelle Kommunikation, Frankfurt, 1990

ROSEN, Rita: "... muß kommen, aber nix von Herzen" zur Lebenssituation von Migrantinnen und Türkinnen. Leske und Budrich, Opladen, 1986

ROSENMAYR, Leopold: Wege zum Ich vor bedrohter Zukunft. Jugend im Spiegel multidisziplinärer Forschung und Theorie. In: Soziale Welt, 36, S. 274 - 298, 1985

Sachverständigenkommission, 8. Jugendbericht (Hrsg.): Lebensverhältnisse Jugendlicher, Zur Pluralisierung und Individualisierung der Jugendphase. Materialien zum 8. Jugendbericht (Band 2), DJI, München, 1990

SCHAUB, Günther: Betriebliche Rekrutierungsstrategien und Selektionsmechanismen für die Ausbildung und Beschäftigung junger Ausländer. BIBB, Berlin, 1991

SCHAUMANN, Lena; HALLER, Ingrid; GEIGER, Klaus; HERMMANN, Harry: Lebenssituation und Lebensentwürfe junger türkischer Frauen der zweiten Migrantengeneration. Forschungsbericht. Bevollmächtigte der Hessischen Landesregierung für Frauenangelegenheiten (Hrsg.), Wiesbaden, 1988

SCHIERSMANN, Christiane: Berufsausbildung von Frauen: Beitr. AB 145, Institut für Arbeitsmarkt- und Berufsforschung der Bundesanstalt für Arbeit; Nürnberg, 1990

SCHIFFAUER, Werner: Die Gewalt der Ehre. Erklärungen zu einem türkisch-deutschen Sexualkonflikt. Frankfurt, 1983

SCHMIDT-KODDENBERG, Angelika: Akkulturation von Migrantinnen. (Eine Studie zur Bedeutsamkeit sozialer Vergleichsprozesse von Türkinnen und deutschen Frauen.) Opladen, Leske und Budrich, 1989

SCHNELL, Rainer; HILL, Paul; ESSER, Elke: Methoden der empirischen Sozialforschung. München, Wien; Oldenburg, 1988

SCHULTZE, Günther: Soziale Situation ausländischer Mädchen und Frauen in Nordrhein-Westfalen. Parlamentarische Staatssekretärin für die Gleichstellung von Frau und Mann (Hrsg.). Dokumente und Berichte 4, Düsseldorf, 1987

SCHWEIKERT, Klaus: Berufsbildungssituation der ausländischen Jugendlichen in der Bundesrepublik. CEDEFOP (Hrsg.). Luxemburg, 1983

SCHWEIKERT, Klaus: Ganz die alten? Was Auszubildende meinen, was Auszubildende tun. Berlin; Bundesinstitut für Berufsbildung; 1989

SCHWEIKERT, Klaus: Ausbildungsbeteiligung ausländischer Jugendlicher. Zwischenbericht zum BIBB-Forschungsprojekt 1503, Bundesinstitut für Berufsbildung, Berlin 1991

SCHWEIKERT, Klaus: Ausländische Jugendliche in der Berufsausbildung. Strukturen und Trends, Bundesinstitut für Berufsbildung, Berlin, 1993

SIEVERING, Ulrich (Hrsg.): Arbeitsmigrantenforschung in der Bundesrepublik Deutschland. Methodenprobleme der Datenerhebung. Frankfurt a.M., Haag und Herchen, 1985

SIMMEDINGER, Renate: Ausbildung ausländischer Mädchen in den Berufen der Arzthelferin und der Rechtsanwaltsgehilfin. Abschlußbericht der wissenschaftlichen Begleitung. Institut für Sozialarbeit und Sozialpädagogik, Frankfurt, 1989

STEINMÜLLER, Ulrich: Begriffsbildung und Zweisprachenerwerb. Ein Argument für den muttersprachlichen Unterricht. In: Essinger, Helmut; Hellmich, Achim; Hoff, Gerd (Hrsg.): Ausländerkinder im Konflikt. Königstein/TS, Athenäum, S. 83 - 97, 1981

STEINMÜLLER, Ulrich: Sprache im Fachunterricht. Ein Beitrag zur Diskussion. In: Interkulturell, Heft 1-2, S. 125 - 146, 1988

STEINMÜLLER, Ulrich: Deutsch als Fremdsprache. Didaktische Überlegungen zum Fachsprachenunterricht. In: Zielsprache Deutsch, Heft 2, 1990

STEINMÜLLER, Ulrich: Sprachentwicklung und Sprachunterricht türkischer Schüler im Modellversuch "Integration ausländischer Schüler in Gesamtschulen". In: Gesamtschulinformationen; Sonderheft 1, Pädagogisches Zentrum, Berlin, S. 207 - 290, 1987

STENZEL, Arnold; et.al.: Auszug in ein fremdes Land? Türkische Jugendliche und ihre Rückkehr in die Türkei. Weinheim, Beltz, 1985

STÜWE, Gerd: Klischees und Selbstbilder. Lebenslagen, Perspektiven und Identitätsfindung von Jungen und Mädchen aus Migrantenfamilien. Berlin, Express Edition, 1988

STÜWE, Gerd: Lebensplanung, Perspektiven und Identitätsfindung ausländischer Jungen und Mädchen unter Berücksichtigung von Arbeitslosigkeit. Berlin, Express Edition, 1987

STÜWE, Gerd: Lebenslagen und Bewältigungsstrategien junger Ausländer. In: Lajios, Konstantin (Hrsg.): Die zweite und dritte Ausländergeneration. Opladen, S. 107 - 131, 1991

THOMAS, Helga: Zusammenfassende Darstellung der Wissenschaftlichen Begleitung zum Modellversuch "Integration ausländischer Schüler" an der 2. Oberschule in Berlin-Kreuzberg und der 1. Oberschule in Berlin-Tiergarten. In: Gesamtschulinformationen; Sonderheft 1, Pädagogisches Zentrum, S. 7-56, Berlin, 1987

TOKSÖZ, Gülay: Immigrantinnen aus der Türkei: ihre Stellung auf dem Arbeitsmarkt und ihr gewerkschaftliches Verhalten. In: Beiträge zur feministischen Theorie und Praxis; Nr. 29, S. 57 - 66, 1991

TREIBEL, Annette: Engagement und Distanzierung in der Westdeutschen Ausländerforschung. Eine Untersuchung ihrer soziologischen Beiträge. Stuttgart, Ferdinand Ekke, 1988

TREIBEL, Annette: Migration in modernen Gesellschaften. Weinheim, Juventa, 1990

UNGER, Liana: Zweite Generation und Rückwanderung: Rückkehr in die Heimat oder in die Fremde. Eine empirische Studie zur Remigration griechischer Jugendlicher. Bielefelder Studien zur Entwicklungssoziologie 33, F. Breitenbach, 1986

VOSKAMP, Ulrich: Abschied von der Arbeitsgesellschaft? in: Projekt Jugend und Arbeit (Hrsg.): Jugendliche beim Einstieg in das Arbeitsleben. S. 11 - 32, München, 1990

WEBER, Cora: Selbstkonzept, Identität und Integration. Berlin, Verlag für Bildung und Wissenschaft, 1989

WILPERT, Czarina: Zukunftsorientierungen von Migrantenfamilien: Türkische Familien in Berlin. In: Reimann, Helga; Reimann, Horst (Hrsg.): Gastarbeiter. Opladen, Westdeutscher Verlag, S. 198 - 218, 1987

WILPERT, Czarina: Die Zukunft der zweiten Generation. Königstein, ITS, Athenäum, 1980

WYGOTZKI, L.S.: Denken und Sprechen. Nördlingen, 1974

YAKUT, Atilla; REICH, Hans; NEUMANN, Ursula; BOOS-NÜNNING, Ursula: Zwischen Elternhaus und Arbeitsamt: türkische Jugendliche suchen einen Beruf. Berlin, Express Edition, 1986

ZÖFEL, Peter: Statistik in der Praxis. Stuttgart, Fischer, 1988

Tabellenanhang

Tabelle 1: Ersteinreise der Eltern nach Geschlecht in %

	Väter (n = 2505)		Mütter (n = 2551)	
	weiblich	männlich	weiblich	männlich
1950 - 1960	9,5	9,7	4,0	5,1
1961 - 1973	78,3	75,7	70,9	64,3
1974 - 1980	9,1	12,1	20,6	25,1
1981 - heute	3,1	2,4	4,6	5,5
Basis	100	100	100	100

Quelle: Bundesinstitut für Berufsbildung, Repräsentativerhebung 1988/89

Tabelle 2: Berufstätigkeit der Eltern nach Geschlecht in %

	Beruf des Vaters		Beruf der Mutter	
	weiblich	männlich	weiblich	männlich
un-, angelernte Arbeiter/-in	50,2	54,1	38,8	34,6
Facharbeiter/-in	18,9	20,6	5,3	5,2
Meister/-in	4,0	3,8	0,2	0,4
Angestellte	6,3	5,0	5,4	4,6
Selbständige/-r	12,0	10,8	2,4	1,6
mithelfende Familien-angehörige	-	-	5,2	4,3
Arbeitslose	3,1	2,2	3,6	4,3
Hausfrau	-	-	37,5	43,1
Rentner	3,8	2,7	-	-
Sonstige	1,8	0,7	1,5	1,8

Quelle: Bundesinstitut für Berufsbildung, Repräsentativerhebung 1988/89

Tabelle 3: Familienstand nach Alter und Geschlecht in %

	15 - 18 Jahre		19 - 21 Jahre		22 - 25 Jahre		26 - 30 Jahre		
	w	m	w	m	w	m	w	m	alle
ledig	95,7	98,4	76,2	80,2	55,9	68,5	27,0	40,4	70,4
verheiratet	4,3	1,6	20,0	19,6	38,8	28,8	67,4	55,6	27,2
lebe mit Freund/-in	-	-	2,6	0,3	4,3	1,7	2,8	1,7	1,5
geschieden	-	-	1,2	-	1,0	1,0	2,9	2,0	1,0

Quelle: Bundesinstitut für Berufsbildung, Repräsentativerhebung 1988/89

Tabelle 4: Kinder nach Alter und Geschlecht (n = 3320) in %

	15 - 18 Jahre		19 - 21 Jahre		22 - 25 Jahre		26 - 30 Jahre		
	w	m	w	m	w	m	w	m	alle
keine Kinder	99,4	99,3	83,4	88,2	72,1	79,1	41,0	51,0	78,9
1 - 3 Kinder	0,6	0,7	16,6	10,8	27,8	20,5	58,0	47,9	20,7
4 - 6 Kinder	-	-	-	1,0	-	0,4	1,0	1,2	0,4

Quelle: Bundesinstitut für Berufsbildung, Repräsentativerhebung 1988/89

Tabelle 5: Angehörige in der Wohnung nach Alter, in %
Mehrfachbenennungen möglich

	Vater	Mutter	Geschwister	Ehepartner	eigene Kinder
15 - 18 Jahre	89,7	91,7	79,9	2,1	0,5
19 - 21 Jahre	63,7	65,0	57,1	15,0	11,5
22 - 25 Jahre	43,4	45,3	35,3	27,5	19,6
26 - 30 Jahre	13,2	12,6	9,3	52,3	46,6

Quelle: Bundesinstitut für Berufsbildung, Repräsentativerhebung 1979 und 1988/89

Tabelle 6: Angehörige in der Wohnung nach Geschlecht und Alter (22- bis 30jährige), in %
Mehrfachbenennungen möglich

	Vater	Mutter	Geschwister	Ehepartner	eigene Kinder
22 - 25 Jahre w	38,3	41,8	29,0	33,1	24,0
22 - 25 Jahre m	47,0	47,9	39,8	23,6	16,5
26 - 30 Jahre w	9,2	7,9	6,0	61,1	55,1
26 - 30 Jahre m	15,8	15,6	11,4	46,8	41,1

Quelle: Bundesinstitut für Berufsbildung, Repräsentativerhebung 1979 und 1988/89

Tabelle 7: Haushaltsgröße nach Alter und Geschlecht (n = 3368) in %

	15 - 18 Jahre		19 - 21 Jahre		22 - 25 Jahre		26 - 30 Jahre		
	w	m	w	m	w	m	w	m	alle
1 Person	0,2	1,7	3,2	9,9	9,6	16,2	11,5	22,3	9,4
2 - 3 Personen	17,1	18,8	34,7	27,5	45,7	36,4	52,7	40,1	32,5
4 - 6 Personen	71,7	67,5	52,4	55,7	40,0	41,4	35,2	34,5	51,0
7 und mehr Personen	11,0	12,0	9,7	6,9	4,8	6,0	0,5	3,1	7,1

Quelle: Bundesinstitut für Berufsbildung, Repräsentativerhebung 1988/89

Tabelle 8: Schulabschluß und Einreisealter nach Geschlecht (n = 1816) in %

	in BRD geboren		bis 3 Jahre		4 - 6 Jahre		7 - 10 Jahre		11 - 15 Jahre	
	w	m	w	m	w	m	w	m	w	m
Hauptschulabschluß	49,2	60,3	50,0	48,9	48,5	45,9	50,3	52,8	57,8	48,9
Sonderschulabschluß	0,4	4,9	2,2	4,7	2,1	2,8	0,9	4,4	4,0	6,6
Realschul-Abschluß	25,8	16,9	27,0	18,9	23,5	22,0	23,6	14,7	10,5	15,3
Abitur	14,4	7,6	12,7	12,5	19,3	11,7	9,8	13,4	6,0	4,4
Sonstiges	4,8	2,1	4,0	4,2	2,4	2,3	4,8	2,4	1,3	4,4
kein Abschluß	5,5	8,2	4,2	10,8	4,2	15,4	10,5	12,3	20,3	20,4
	100	100	100	100	100	100	100	100	100	100

Quelle: Bundesinstitut für Berufsbildung, Repräsentativerhebung 1988/89

Tabelle 9: Nur Schulbesuch Herkunfsland: Schulbesuchsdauer (n = 778) in %

	weiblich	männlich	insgesamt
1 - 4 Jahre	5,3	3,8	4,4
5 - 8 Jahre	42,8	47,9	45,9
9 und mehr Jahre	52	48,3	49,7
	100	100	100

Quelle: Bundesinstitut für Berufsbildung, Repräsentativerhebung 1988/89

Tabelle 10: Schülerinnen: Besuchte Schulart nach Nationalität (n = 320) in %

	italienisch	jugoslawisch	türkisch
Hauptschule	20,3	23,6	35,8
Sonderschule	-	-	5,5
Realschule	23,4	34,5	24,4
Gymnasium	39,1	40,0	22,4
Gesamtschule	17,2	1,8	11,9
	100	100	100

Quelle: Bundesinstitut für Berufsbildung, Repräsentativerhebung 1988/89

Tabelle 11: männliche Schüler: Besuchte Schulart nach Nationalität (n = 284) in %

	türkisch	andere Nationalität
Hauptschule	44,4	35,3
Sonderschule	4,6	1,0
Realschule	14,6	19,5
Gymnasium	29,1	33,0
Gesamtschule	7,3	11,3
	100	100

Quelle: Bundesinstitut für Berufsbildung, Repräsentativerhebung 1988/89

Tabelle 12: Pläne von Schülern nach Geschlecht und Staatsangehörigkeit in %

	weiblich		männlich	
	türkisch	andere Nationalität	türkisch	andere Nationalität
Beruf erlernen	38,2	35,4	37,5	35,8
Geld verdienen	5,7	1,5	6,2	8,3
weiterführende Schule	21,0	17,9	17,7	15,4
Studium	22,1	36,9	24,7	28,2
keine Pläne	10,7	7,2	11,8	12,2
Sonstiges	2,4	0,5	2,1	0,6
	100	100	100	100

Quelle: Bundesinstitut für Berufsbildung, Repräsentativerhebung 1988/89

Tabelle 13: Auszubildende:
Sehr wichtige Gründe bei Berufswahl (n = 391) in %

	weiblich	männlich
Spaß	82	65
Eignung	65	66
viel Geld	22	31
sicherer Arbeitsplatz	28	43
Aufstieg	33	38
Beruf ausübbar in BRD und Herkunftsland	56	45
sauberer Arbeitsplatz	49	21
Beruf in BRD angesehen	35	38
interessante Menschen kennenlernen	42	21
Beruf im Herkunftsland angesehen	41	34
überhaupt Ausbildungsplatz	34	43
anderen helfen	38	16
Hobbys verwirklichen	38	23
moderne Maschinen	7	31
hohe Ausbildungsvergütung	14	18
reisen können	13	8

Quelle: Bundesinstitut für Berufsbildung, Repräsentativerhebung 1988/89

Tabelle 14: Auszubildende:
Einfluß auf die Entscheidung bei der Berufswahl in %
(großer Einfluß)

	ausländische Auszubildende (n = 109)[20]		deutsche Auszubildende (n = 996)[21]	
	w	m	w	m
Vater	44	49	20	29
Mutter	40	26	26	20
Geschwister	13	12	4	3
andere Verwandte	12	10	2	3
Freunde				
- ausländische	12	11	-	-
- deutsche	26	24	6	5
Lehrer an früheren Schulen	25	22	4	3
Berufsberater Arbeitsamt	29	31	8	8
Betriebspraktikum	22	16	19	19

20 Quelle: Bundesinstitut für Berufsbildung, Repräsentativerhebung 1988/89

21 Hecker 1989, S. 51

Tabelle 15: Auszubildungsplatz gesucht bzw. gefunden in %

	weiblich Ausbildung		männlich Ausbildung	
	gesucht (n = 389)	gefunden (n = 271)	gesucht (n = 602)	gefunden (n = 425)
Metallerzeuger und -bearbeiter	-	-	3,8	5,4
Schlosser und Mechaniker	3,3	1,1	41,4	41,2
Elektriker	0,5	0,4	11,5	8,7
Textil und Bekleidung	8,5	7,8	2,6	1,2
Ernährungsberufe	1,0	1,5	4,5	6,1
Bauberufe	0,3	0,4	3,5	4,5
Maler und Lackierer	-	-	4,7	5,6
Warenkaufleute	3,1	8,1	1,7	3,1
Verkäufer	8,2	7,4	1,0	0,5
Bank- und Versicherungskaufleute	3,6	3,3	1,5	1,4
Organisations- und Büroberufe	10,0	12,2	3,8	2,8
Gesundheitsberufe	20,8	18,5	0,5	0,7
Sozialberufe	2,8	3,0	-	-
Friseure	23,4	25,8	1,7	1,4
Hotel- und Gaststättengerwerbe	0,5	0,7	2,2	2,4

Quelle: Bundesinstitut für Berufsbildung, Repräsentativerhebung 1988/89

Tabelle 16: Auszubildende:
Befürchtung von Arbeitslosigkeit für die nächsten Jahre
(n = 109) in %

	Auszubildende w	m
wahrscheinlich	2,5	4,1
möglich	34,9	37,8
eher unwahrscheinlich	46,6	33,3
ganz ausgeschlossen	16,0	24,8
	100	100

Quelle: Bundesinstitut für Berufsbildung, Repräsentativerhebung 1988/89

Tabelle 17: Ausbildungsverzichter und Absolventen einer beruflichen Ausbildung: aktueller Status und Berufsstatus in %

	Ausbildungsverzichter (keine Ausbildung gesucht)		Absolventen einer beruflichen Ausbildung	
aktueller Status	w (n = 553)	m (n = 781)	w (n = 146)	m (n = 240)
o Hochschulbesuch	17,0	12,1	1,2	0,9
o nicht berufstätig	29,1	1,5	12,6	1,4
o erwerbstätig	47,0	79,4	84,2	97,5
Berufstatus der Berufstätigen	w (n = 191)	m (n = 426)	w (n = 95)	m (n = 180)
o un-/angelernter Arbeiter	64,3	67,1	6,6	8,8
o Facharbeiter	7,5	14,9	28,9	74,1
o einfacher Angestellter	23,1	9,4	55,3	8,8

Quelle: Bundesinstitut für Berufsbildung, Repräsentativerhebung 1988/89

Tabelle 18: Gründe für Ausbildungsverzicht (n = 982) in % Mehrfachnenung möglich

	weiblich	männlich
o wollte gleich Geld verdienen	40,3	64,1
o meine Eltern wollten das so	24,1	8,7
o keine Lust zur Berufsausbildung	11,5	11,6
o wußte nicht, was ich werden sollte	9,8	10,8
o keinen Ausbildungsplatz bekommen	4,8	7,1
o ich wußte nicht, wann Familie zurückwandert und ob Zeit für Ausbildung reicht	4,2	3,2
o wollte eigentlich gleich zurückwandern	1,5	0,7
o Sonstiges	34,1	20,5

Quelle: Bundesinstitut für Berufsbildung, Repräsentativerhebung 1988/89

Tabelle 19: Erwerbsbeteilung junge Frauen mit und ohne Kinder nach Alter in %

	mit Kind	ohne Kind	Gesamt
19 - 21 Jahre	(40*)	58	58
22 - 25 Jahre	47	53	50
26 - 30 Jahre	38	58	47
Gesamt	42	56	51

* nur sehr geringe Fallzahl

Quelle: Bundesinstitut für Berufsbildung, Repräsentativerhebung 1988/89

Tabelle 20: Arbeitslosenanteil an Erwerbspersonen nach Alter in %

	w	m
15 - 18 Jahre	18,3	22,5
19 - 21 Jahre	13,9	15,3
22 - 25 Jahre	16,3	21,0
26 - 30 Jahre	17,0	17,2

Quelle: Bundesinstitut für Berufsbildung, Repräsentativerhebung 1988/89

Tabelle 21: Berufstätige: Wirtschaftszweige (n = 1118) in %

	alle Berufstätigen		Ausbildungsabsolventen		ohne Ausbildung	
	w	m	w	m	w	m
Industrie	30,9	39,8	8,6	29,2	39,7	44,1
Handwerk	6,9	16,0	13,4	30,8	2,9	11,6
Baugewerbe	-	7,7	-	9,7	-	7,2
Hotel und Gaststätten	12,0	17,4	2,0	10,4	15,5	19,3
Einzelhandel	7,4	2,6	17,4	3,6	3,5	2,1
Großhandel	3,6	2,2	2,7	0,9	4,4	1,5
Banken	1,6	0,9	4,1	2,4	0,7	0,8
Gesundheitswesen	13,5	1,8	19,7	1,7	10,5	1,3
Sonstige Dienstleistungen	13,7	4,9	21,5	7,4	10,8	4,3

Quelle: Bundesinstitut für Berufsbildung, Repräsentativerhebung 1988/89

Tabelle 22: Berufstätige: Beschäftigung nach Betriebsgröße (n = 1121) in %

Beschäftigte	alle Berufstätigen		Ausbildungsabsolventen		ohne Ausbildung	
	w	m	w	m	w	m
nur ich	2,3	1,9	3,2	-	2,1	2,6
2 - 9	29,1	25,1	45,4	19,2	19,3	26,9
10 - 49	17,3	25,0	20,1	37,2	16,5	21,7
50 - 99	10,7	14,7	9,1	17,5	11,4	14,7
100 - 499	24,1	15,2	11,7	12,7	31,4	15,1
über 500	16,5	18,0	10,5	13,4	19,3	19,1
	100	100	100	100	100	100

Quelle: Bundesinstitut für Berufsbildung, Repräsentativerhebung 1988/89

Tabelle 23: Befristeter Arbeitsvertrag (n = 1038) in %

	Alle Berufstätigen		Ausbildungsabsolventen		ohne Ausbildung	
	w	m	w	m	w	m
befristet	14,6	20,1	10,7	10,3	15,9	23,4
unbefristet	85,4	79,9	89,3	89,7	84,1	76,6
	100	100	100	100	100	100

Quelle: Bundesinstitut für Berufsbildung, Repräsentativerhebung 1988/89

Tabelle 24: Deutsche Mitarbeiter/Kollegen (n = 1055) in %

	Alle Berufs- tätigen		Ausbildungs- absolventen		ohne Ausbildung	
	w	m	w	m	w	m
deutsche Vorgesetzte	65,6	66,4	73,3	81,5	63,4	60,9
deutsche Kollegen	84,4	80,5	90,6	91,0	80,5	76,1
deutsche Untergebene	14,8	13,6	24,1	23,8	12,1	9,4
keine deutschen Arbeitskollegen	9,0	11,5	1,8	2,8	12,3	15,0
	100	100	100	100	100	100

Quelle: Bundesinstitut für Berufsbildung, Repräsentativerhebung 1988/89

Tabelle 25: Berufstätige: Schwierigkeiten am Arbeitsplatz (n = 1058) in %

	alle Berufs- tätigen		Ausbildungs- absolventen		ohne Ausbildung	
	w	m	w	m	w	m
häufig	5,7	6,5	-	1,4	8,1	8,2
selten	41,0	44,0	38,3	36,9	39,8	43,4
nie	53,2	49,6	61,7	61,7	52,1	48,4
	100	100	100	100	100	100

Quelle: Bundesinstitut für Berufsbildung, Repräsentativerhebung 1988/89

Tabelle 26: Beschäftigte mit Problemen: Art der Probleme am Arbeitsplatz (n = 512) in %
Mehrfachnenungen

	alle Berufstätigen		Ausbildungsabsolventen		ohne Ausbildung	
	w	m	w	m	w	m
Verständigung	20,4	21,7	12,8	11,3	23,9	19,8
Ärger mit deutschen Kollegen	25,4	25,0	15,5	23,7	30,1	24,0
Ärger mit deutschen Vorgesetzten	20,8	30,2	22,4	27,9	20,7	30,1
Ärger mit ausländischen Vorgesetzten	4,1	4,3	3,9	5,4	4,8	3,7
Ärger mit ausländischen Kollegen	4,2	10,1	5,0	6,4	3,1	10,1
Schwierigkeitsgrad der Arbeit	19,0	13,0	10,7	11,9	20,5	12,8
Zuweisung unangenehmer Arbeiten	16,3	26,9	14,5	21,9	17,3	26,9
Arbeitsanfall	23,7	16,7	33,5	23,7	19,2	15,7
Schmutz/Staub	18,8	27,6	-	17,1	24,5	31,9
Lärm	22,6	30,4	7,8	19,4	24,1	34,7
Hitze/Kälte	14,1	19,9	16,0	19,9	12,3	24,2
geringe Anforderungen	7,7	5,5	6,7	2,5	7,6	5,8
Überstunden	16,2	16,4	24,7	19,7	12,7	13,6
	100	100	100	100	100	100

Quelle: Bundesinstitut für Berufsbildung, Repräsentativerhebung 1988/89

Tabelle 27: Beschäftigte, die mit Deutschen zusammenarbeiten: Arbeitsplatztausch mit Deutschen Arbeitskollegen in %

	alle Berufs-tätigen w	m	Ausbildungs-absolventen w	m	ohne Ausbildung w	m
ja	15,8	22,6	4,5	7,5	21,1	27,6
nein	84,2	77,4	95,5	92,5	78,9	72,4
	100	100	100	100	100	100

Quelle: Bundesinstitut für Berufsbildung, Repräsentativerhebung 1988/89

Tabelle 28: Befürchtung von Arbeitslosigkeit (n = 1055) in %

Arbeitslosigkeit:	alle Berufs-tätigen w	m	Ausbildungs-absolventen w	m	ohne Ausbildung w	m
wahrscheinlich	4,8	8,9	2,7	4,0	6,1	10,9
möglich	37,6	41,9	25,0	36,6	43,4	44,7
eher unwahrscheinlich	38,2	35,8	44,6	39,9	35,4	32,5
ganz ausgeschlossen	19,4	13,5	27,8	19,5	15,0	11,9
	100	100	100	100	100	100

Quelle: Bundesinstitut für Berufsbildung, Repräsentativerhebung 1988/89

Tabelle 29: 15- bis 25jährige - Beruflicher Status 1979 (n = 1638) in %

	weiblich	männlich
un- und angelernte Arbeiter	87,3	85,0
Facharbeiter	3,8	11,7
einfache Angestellte	8,8	2,7

Quelle: Bundesinstitut für Berufsbildung, Repräsentativerhebung 1979

Tabelle 30: 15- bis 25jährige Berufstätige: Arbeitszufriedenheit 1979 (n = 757) in %

	weiblich	männlich
macht richtig Spaß	23,9	22,4
ist ziemlich gut	27,1	27,6
es geht, ist notwendig	36,3	38,0
fällt schwer	5,5	3,2
besser heute als morgen aufhören	7,2	8,8
	100	100

Quelle: Bundesinstitut für Berufsbildung, Repräsentativerhebung 1979

Tabelle 31: Wohlbefinden in der Bundesrepublik (n = 3385) in %

	weiblich	männlich
sehr wohl	44,7	43,1
relativ wohl	33,7	34,3
es geht	18,0	18,6
unwohl	3,6	4,0
	100	100

Quelle: Bundesinstitut für Berufsbildung, Repräsentativerhebung 1988/89

Tabelle 32: Wahrnehmung von Rassismus: Einschätzung von Ausländerfeindlichkeit bei Deutschen (n = 3386) in %

	weiblich			männlich		
	Türkinnen	Griechinnen	and. Nat.	Türken	Griechen	and. Nat.
ja, großer Teil	29,6	31,1	18,1	29,5	28,6	16,4
ja, kleiner Teil	51,0	52,6	45,0	56,8	41,6	49,6
nein	19,4	16,3	36,9	13,7	29,9	33,9
	100	100	100	100	100	100

Quelle: Bundesinstitut für Berufsbildung, Repräsentativerhebung 1988/89

Tabelle 33: Aufenthaltsabsicht in % Zeile

	1 - 3 Jahre	4 - 6 Jahre	7 - 9 Jahre	10 u. mehr Jahre	immer bleiben	weiß nicht	n =100%
m	3,9	5,5	1,0	8,1	31,8	49,8	1866
w	7,0	4,9	0,9	5,1	28,0	54,2	1482

Quelle: Bundesinstitut für Berufsbildung, Repräsentativerhebung 1988/89

<u>Anhang</u>

Tabelle: Nur Schulbesuch Herkunftsland: kein Schulbesuch BRD nach Staatsangehörigkeit

	weiblich (n = 303)	männlich (n = 472)
griechisch	12,9	9,8
italienisch	28,7	27,3
jugoslawisch	11,2	6,6
portugiesisch	2,6	2,4
spanisch	7,4	2,5
türkisch	37,2	51,4
	100	100

Quelle: Bundesinstitut für Berufsbildung, Repräsentativerhebung 1988/89

Peter Dehnbostel, Heinz Holz, Hermann Novak (Hrsg.)

Lernen für die Zukunft durch verstärktes Lernen am Arbeitsplatz

Dezentrale Aus- und Weiterbildungskonzepte in der Praxis

Berichte zur beruflichen Bildung, Heft 149

Berlin, 1992, 404 Seiten, 25,00 DM
ISBN 3-88555-500-X

Durch neue Produktions- und Organisationskonzepte in vielen betrieblichen Bereichen sind erweiterte Lernmöglichkeiten am Arbeitsplatz und im Arbeitsprozeß entstanden. Sie eröffnen neue Lern- und Bildungsbereiche, deren Erschließung eine Dezentralisierung nach sich zieht.
Im ersten Abschnitt berichten die Autoren über die Entstehung und Entwicklung dezentraler Aus- und Weiterbildungskonzepte, im zweiten Teil werden das Thema "Lernen und Arbeiten" behandelt und die Möglichkeiten und Notwendigkeiten des Lernens am Arbeitsplatz aus unterschiedlicher Sicht erläutert.

▶ Sie erhalten diese Veröffentlichung beim
Bundesinstitut für Berufsbildung
K3/Vertrieb
Fehrbelliner Platz 3
10707 Berlin
Telefon: 030-8643-2520/-2516
Telefax: 030-8643-2607